Kohn · Haschoah

Fundamentaltheologische Studien Nr. 13

Herausgegeben von Johann Baptist Metz und Jürgen Moltmann

Nr. 1: H. Deuser, Dialektische Theologie. Studien zu Adornos Metaphysik und zum Spätwerk Kierkegaards
Nr. 2: G. Hartmann, Christliche Basisgruppen und ihre befreiende Praxis. Erfahrungen im Nordosten Brasiliens
Nr. 3: A. Weyer, Subjektivität und Gesellschaft
Nr. 4: R. Heinrich, Verheißung des Kreuzes. Die Christologie Hans-Joachim Iwands
Nr. 5: A. Werner (Hg.), Es müssen nicht Engel mit Flügeln sein. Religion und Christentum in der Kinder- und Jugendliteratur
Nr. 6: H. Deuser/P. Steinacker (Hg.), Ernst Blochs Vermittlung zur Theologie
Nr. 7: C. Boff, Theologie und Praxis. Die erkenntnistheoretischen Grundlagen der Theologie der Befreiung
Nr. 8: E. Thaidigsmann, Identitätsverlangen und Widerspruch. Kreuzestheologie bei Luther, Hegel und Barth
Nr. 9: J. Moltmann, Politische Theologie – Politische Ethik
Nr. 10: J. Pichler, Kirche-Glaube-Politik. Basisgemeinden in Italien
Nr. 11: G. Gutiérrez, Die historische Macht der Armen
Nr. 12: G. Gutiérrez, Aus der eigenen Quelle trinken. Spiritualität der Befreiung
Nr. 13: J. Kohn, Haschoah. Christlich-jüdische Verständigung nach Auschwitz

JOHANNA KOHN

Haschoah

Christlich-jüdische Verständigung
nach Auschwitz

Mit einem Vorwort von
Günther Bernd Ginzel

KAISER · GRÜNEWALD

CIP-Kurztitelaufnahme der Deutschen Bibliothek
Kohn, Johanna:
Haschoah : christl.-jüd. Verständigung nach
Auschwitz / Johanna Kohn. Mit e. Vorw. von
Günther Bernd Ginzel. – München : Kaiser ;
Mainz : Grünewald, 1986.
(Fundamentaltheologische Studien ; Nr. 13)
ISBN 3-459-01634-5 (Kaiser)
ISBN 3-7867-1238-7 (Grünewald)
NE: GT

Umschlag: Tom Breuer, Wiesbaden
Gesamtherstellung: Buch- und Offsetdruckerei Wagner GmbH, Nördlingen

INHALT

GÜNTHER BERND GINZEL
AUSCHWITZ – DIE FURCHTBARE ERKENNTNIS DES SINNLOSEN

VON DER MACHT DER ANGST

Eine Beerdigung ist für ein Mitglied der Chewrah Kaddischah nichts Außergewöhnliches. (Seit über 2000 Jahren obliegt der »heiligen Vereinigung«, der Beerdigungsbruderschaft die Betreuung der Sterbenden, der Toten und, falls notwendig, der Hinterbliebenen.) Und dennoch hat sich mir eine Beerdigung als Ereignis eingeprägt. An das genaue Datum (es war zu Beginn der achtziger Jahre) vermag ich mich nicht mehr zu erinnern. Doch die Einzelheiten, die Stimmung, selbst das Wetter, dies alles ist mir gegenwärtig, als sei es gestern geschehen.
Wir hatten uns in der Trauerhalle des jüdischen Friedhofes Köln-Bocklemünd versammelt, um einem Toten das letzte Geleit zu geben. Die traditionellen Gebete wurden gesprochen, eine Ansprache gehalten. Der Vorbeter sang einige Psalmen. Dann geleiteten wir den Toten zum Grab, legten den Sarg in die Erde, sprachen das Kaddisch-Gebet. So ist es seit Menschengedenken bei uns der Brauch.
Was also war das Ungewöhnliche? Es fehlten die Trauernden im klassischen Sinne: keine Kinder, keine Verwandten, keine Bekannten. Niemand war anwesend, der den Toten noch zu seinen Lebzeiten gekannt hätte. Keiner von uns hat zuvor seinen Namen gehört. Wir hatten einen uns völlig Unbekannten bestattet. Das einzige, was wir wußten: Der Mann war ein polnischer Jude. Als Einziger der Familie hatte er Auschwitz überlebt. Befreit, gerettet, blieb die Angst. Er flüchtete in die Anonymität und die Einsamkeit. Unauffälligkeit wurde zu seiner Lebensmaxime. Er verdrängte, verleugnete sein Judentum. Erst auf dem Totenlager überwand er die Macht der Angst. Er offenbarte sich der Krankenschwester, bat um ein jüdisches Begräbnis und starb.
Damals, im Kölner Nieselregen, ergriff mich eine ganz eigenartige Rührung. Dieser Tote war mir plötzlich nicht mehr fremd. Sein Gesicht nahm

die durch Hunger und Leid gleichgemachten Züge der KZ'ler an. Auschwitz verband uns: Ihn, das Opfer der »Endlösung« und mich, den Nachgeborenen. Stärker noch als die ältere Generation, spüren wir, die Jungen, wie das Trauma von Auschwitz weiterwirkt.

DIE NOTWENDIGKEIT DES ERINNERNS

Es ist völlig belanglos, ob wir vergessen oder uns erinnern wollen. In einem für Manchen durchaus schmerzlichen Prozeß hat man es zu begreifen gelernt. Wir, die Opfer und ihre Kinder, können vor Auschwitz nicht davonlaufen. Nicht die Erinnerung an Auschwitz macht kaputt, nicht das Gedenken provoziert Glaubens- und Identitätskrisen, sondern die Verdrängung, der Versuch, den Verstand, das Gefühl, die Mitleidensfähigkeit auszuschalten. Auschwitz vergessen zu wollen, heißt, erneut schuldig zu werden, die Gemordeten abermals zu verraten, die Front zu wechseln, sich auf die Seite der Mörder zu schlagen, deren Ziel es bekanntlich war, jede Spur des Mordes und der Tötungsindustrie zu beseitigen, die Erinnerung an die getöten Juden zu tilgen. Exakt um dies zu verhindern, die gigantische Vertuschung des Verbrechens, war der jüdische Widerstand in den Gettos und den Konzentrationslagern angetreten. Nicht die eigene Rettung motivierte sie in der Regel zum Widerstand, sondern die Erkenntnis, daß nach ihrem Tod niemand mehr vorhanden sein würde, von dem Geschehen zu künden; wie etwa in Treblinka, wo die letzten tausend Arbeitssklaven das Vernichtungslager anzündeten und eine Massenflucht organisierten. In Treblinka waren bereits sämtliche Massengräber geöffnet, die Leichen verbrannt, die verbliebenen Knochen zerstoßen und als Dünger auf die Felder ausgestreut worden. Das Lager selbst wurde von der SS sukzessive in ein landwirtschaftliches Mustergut umgewandelt. Nichts hätte nach der Ermordung der letzten Häftlinge an die Verbrechen noch erinnert. Wir haben die Wahl, wessen Erbe wir antreten wollen – wenn man dies denn überhaupt und ernstlich als Wahlmöglichkeit betrachten darf.

Zudem: Die Forderung zu vergessen, die heute stärker denn je an uns Juden herangetragen wird, ist unmenschlich, wenn wir an die noch lebenden Opfer denken. Was sollen sie vergessen? Ihre Kinder? Ihre Eltern? Die Stationen des Schreckens, die doch unvergeßlich in sie hineingebrannt wurden?

Von einem Juden das Vergessen zu fordern, ist auch aus anderen Gründen unsinnig. Ist Erinnerung nicht die Basis des Glaubens? Könnten wir als Juden existieren, ohne die Erinnerung, etwa an den Exodus, an die Offenbarungen des befreienden frei-machenden Gottes Israel? Ist erinnerte Glaubens- und Heilsgeschichte nicht – vielleicht: der – Eckpfeiler jüdischer Identität? Wurde die Erinnerung an die Märtyrer, ihre Treue und Stärke, nicht durch alle Jahrhunderte hindurch bewahrt und bis in die Gebete des täglichen Gottesdienstes hinein, verinnerlicht? Wie über die Zerstörung des Tempels trauern, die Gebete der Heiligen auf den Scheiterhaufen des Mittelalters nachsprechen, und die Millionen Opfer der Schoah, der schrecklichsten Epoche in der langen Geschichte Israels, vergessen?

DIE FURCHTBARE ERKENNTNIS DES SINNLOSEN

Nein, Vergessen ist weder für Juden noch für Christen eine Alternative. Sie wäre selbstzerstörerisch! Nicht das Vergessen-Wollen oder Bewahren-Müssen sind die wahren Probleme. Es ist die Frage nach dem Warum, der wir auszuweichen suchen. Jene schreckliche Frage, auf die jede Antwort in gewisser Weise falsch, ja blasphemisch sein muß. Die völlige Sinnlosigkeit von Auschwitz, das ist unser Problem! Bei allen ideologischen, sozialen und wirtschaftspolitischen Faktoren, es bleibt ein Wahnsinn, der allerdings mit System betrieben wurde. Der Massenmord läßt sich nicht – auch nicht theologisierend – rechtfertigen, weder damals, noch in der Rückschau. Und dennoch haben mehrere Hunderttausend Menschen, vom Eisenbahner über Fabrikdirektoren bis zum KZ-Wächter mitgewirkt, etwas praktiziert, daß man sich, wie die kleine Anne Frank in ihrem Tagebuch bereits mutmaßte, heute nicht mehr vorstellen kann. Ein Irrsinn wurde Wirklichkeit und mit allen technischen und industriellen Mitteln betrieben, den zu beschreiben uns die Worte fehlen.

Nichts besitzen wir, das uns trösten könnte, das den Mord verständlich machen, den Schrecken verringern, unsere Sehnsucht nach Entlastung befriedigen könnte. Wie fragte mich ein bekannter Fernsehpfarrer: »Aber Auschwitz muß doch für den Gläubigen auch etwas tröstliches besitzen, ein Zeichen sein.« Das einzige Zeichen, das Auschwitz darstellt, ist eine Demonstration, wozu Menschen fähig sind. Menschen, die hier kinder- und tierliebende Nachbarn waren und dort den Müttern ihre Säuglinge aus dem Armen rissen und in die Gaskammer warfen. In jeder Beziehung war Auschwitz die legalisierte Perversion, herrschte der systemimmanente Sadismus.

Uns Juden versagen bei dem Versuch einer Deutung der Schoah alle Muster unserer Geschichtstheologie! Auch die brennenden Fragen einer christlichen Involvierung, die nicht damit aus der Welt zu schaffen sind, daß man sich von Einigen bestätigen läßt, es habe sich bei den Nazis um Heiden, um entchristlichte Menschen, gehandelt und daher habe weder der Nationalsozialismus noch Auschwitz etwas mit Christen und Christentum zu tun, vermögen ob ihrer offensichtlichen Verdrängungsabsicht weiterzuhelfen. Und es hieße, den christlichen Helden Gewalt antun, wollte man erlauben, daß sich Kirche als Institution die Märtyrerkrone aufsetzte, sich selbst die Absolution erteilte und zur Widerstandsorganisation erklärte. Nein, solche Irrwege sind Juden wie Christen versperrt, beschwören nur die von Mitscherlich seherhaft beschriebene Wiederholungsgefahr, weil lediglich Alibis gesucht, nicht aber Einsicht und Umkehr gefunden werden. Johanna Kohns Arbeit belegt dieses Ringen um und nach Antworten. Auch wird deutlich, in welchem Ausmaß beide Kirchen nach Auschwitz ihr Verhältnis zum Judentum auf eine neue Basis stellten. Ein Zeichen der Hoffnung!

AUSCHWITZ: AUCH EINE FRAGE AN GOTT

Als ich die Erinnerungsstätte im ehemaligen Vernichtungslager Treblinka besuchte, traf ich dort zwei Juden aus Warschau. Einer erzählte mir die Geschichte seines Bruders. Er war von der SS während einer Aktion im Warschauer Getto gefunden und nach Treblinka deportiert worden. Doch ihm gelang das unmöglich Erscheinende: die Flucht. Sein einziger Gedanke war nicht der, das eigene Leben zu retten, sondern zurück nach Warschau zu schleichen, um die Menschen zu warnen, zu berichten, was sich hinter dem harmlosen Ortsnamen »Treblinka« verbirgt. Er gelangt tatsächlich nach Warschau und durch die Kanalisation ins Getto. Er erzählt. Doch man glaubt ihm nicht! Zu unglaublich erschien dieser Bericht. Menschen vergasen? Tausende in wenigen Stunden töten? In der vieltausendjährigen Geschichte der Juden gab es dafür keinen Präzidenzfall. Ausrottung einer ganzen Gemeinschaft? Auch der Kinder und der Greise? Das ist doch menschenunmöglich. Wieder wird er gefangen. Wieder kommt er nach Treblinka. Abermals gelingt ihm die Flucht. Mitten im Krieg schlägt er sich zur Küste durch. Findet ein Schiff, kann an Bord gelangen. Das Schiff wird nicht angegriffen. Er fährt nach Amerika. Endlich ist er frei, in Sicherheit. Er verläßt das Schiff, erleidet einen Herzanfall, bricht zusammen und ist tot.

Fassungslos stehen wir vor diesem – wie all den anderen – Schicksalen. Und ist es nicht legitim, unseren Vater im Himmel zu fragen: Warum? Wenn Du der Gütige und Barmherzige bist, wieso hörst Du die Gebete nicht? Dringen die Schreie der Gefolterten, der Leidenden nicht zu Dir? Bist Du taub? Warum geschehen Deine Wunder nicht dann, wenn sie gebraucht werden? Judentum ist für mich vor diesem Hintergrund auch ein Trotz-dem-Glauben. Glauben trotz der erwiesenen Wirkungslosigkeit des Glaubens im Angesicht des Verbrechens. Doch nicht wir, die Lebenden, haben das Recht, Gott anzuklagen, aber die Gemordeten. Die zweihundert Waisenkinder des Janusz Korczak in der Gaskammer von Treblinka schreien stellvertretend bis heute auch gen Himmel.

Was ist die Konsequenz: Wenn Wunder uns nicht ändern, keine himmlische Stimme dem Bösen Einhalt gebietet, ist es an uns, Seinen Kindern, dies zu versuchen. Theologie nach Auschwitz kann und darf zwangsläufig nicht bequem sein. Dies braucht hier nicht weiter ausgeführt zu werden. Hat doch nicht zuletzt die Sehnsucht nach Bequemlichkeit, nach Nicht-Involviert-Werden-Wollen, Auschwitz mitzuverantworten.

Wer Auschwitz als Herausforderung empfindet, ist davor bewahrt, sich in eine Geisteshaltung weinerlichen Selbstmitleids zu verkriechen. Er wird die Tarnkappe der Vergebungs- und Versöhnungsrhetorik durchschauen und dahinter die oftmals lauernde Angst vor den Fragen, vor den Konsequenzen, kurz: vor der Verantwortung erblicken, die uns eine schreckliche Vergangenheit aufbürdet.

Die Arbeit von Johanna Kohn beweist, wie tief christliche Solidarität mit den Opfern der Schoah vorhanden ist, daß in Deutschland und seiner jungen Generation auch der Wille zu einer Auseinandersetzung mit der Vergangenheit um der Zukunft willen existiert. Ein Weg, den wir als Christen und Juden gemeinsam gehen können und müssen.

EINLEITUNG

1. ZUR SCHWIERIGKEIT UND KRISE DES JÜDISCH-CHRISTLICHEN DIALOGS HEUTE

Die erste Schwierigkeit des Redens vom jüdisch-christlichen Dialog ist, daß es *den* jüdisch-christlichen Dialog nicht gibt. Diese These mag verwirren, zumal es hier doch um Reflexionen zum Dialog zwischen Juden und Christen geht. Die These stellt eine bleibende Herausforderung für das theologische Bemühen um eine Verständigung und Versöhnung von Christen und Juden dar. Sie impliziert, daß dieser Dialog keinesfalls zwischen *den* Christen bzw. der heutigen Christenheit und *den* Juden bzw. dem ganzen jüdischen Volk existiert.

Vielmehr scheinen die Teilnehmer am jüdisch-christlichen Dialog dort, wo er in Bildungsakademien, in Gemeindeveranstaltungen und in Universitäten stattfindet, eher einer akademischen Minderheit zuzugehören. Der Dialog und noch mehr die ökumenische Praxis von Christen und Juden ist nicht weit in den kirchlichen Alltag eingedrungen. Bisher findet der Dialog noch unter einigen wenigen Betroffenen und Nachgeborenen statt. Theologen stellen dabei die zweitgrößte Gruppe der Teilnehmer dar.

Betrachtet man den verhältnismäßigen Anteil von jüdischen und christlichen Teilnehmern, so fällt die überwiegende Zahl der Christen auf. Dies ist einerseits nicht verwunderlich, ist doch im Deutschland des Nationalsozialismus die völlige Ausrottung des jüdischen Volkes fast »gelungen«. Andererseits muß man bedenken, daß das Anliegen und die Pflicht zur Versöhnung auf christlicher Seite liegen. Elie Wiesel sagt als betroffener Jude:

»Wenn die *Opfer* mein Problem sind, die *Mörder* sind es nicht! Die Mörder sind das Problem anderer, nicht das meinige. Falls ich versuchen könnte zu verstehen – aber das wird mir nie gelingen –, weshalb mein Volk zum Opfer wurde, so werden andere Leute verstehen müssen oder den Versuch machen müssen zu verstehen, warum die Mörder Christen – sicher schlechte Christen, doch Christen – waren.«[1]

---

[1] Wiesel, E., Die Massenvernichtung als literarische Inspiration, in: Kogon, E./Metz, J. B.

E. Wiesel faßt in diesem Gedanken die komplexen geschichtlichen Probleme und die Asymetrie im jüdisch-christlichen Dialog zusammen.
Auf weitere Asymetrien macht Clemens Thoma aufmerksam; er ist ein sehr engagierter Theologe des Dialogs:
Die Asymetrie »besteht zu einem Teil darin, daß das Judentum (›als Wurzel‹) tief in die christliche Identität hineinreicht, während das Christentum nicht oder kaum zum jüdischen Selbstverständnis gehört. Weiterhin verhält sich das Judentum asymetrisch zum Christentum, weil es im Gegensatz zu diesem weder allgemeinverbindliche Glaubensformulierungen noch Personen oder Gremien mit eindeutig autoritativer Funktion kennt. Auch das jüdische Festhalten an der Zusammengehörigkeit von Volk und Religion stößt auf kein christliches Pendant.«[2]
Ist die Frage nach den Subjekten des Dialogs und nach deren Motiven, in den Dialog einzutreten, schon nicht eindeutig beantwortbar, so kommt nun noch eine Schwierigkeit hinzu: Inzwischen tauchen neue Spannungen infolge des Dialogs auf. Sie bestehen vor allem innerhalb der religiösen Lager, aus denen die Dialogpartner kommen. Es richtet sich der Verdacht gegen die theologischen und kulturellen Annäherungsversuche, hier gehe es um eine Fusion der jüdischen und christlichen Identitäten, die den Verlust der eigenen religiösen – und auf jüdischer Seite auch der religiös-physischen und sozial-ethnischen – Substanz bedeuten könne. Am innerchristlichen und innerjüdischen Hintergrundkonflikt ist ablesbar, daß die Verletztheiten und die Not zu verdrängen, was für beide in ganz verschiedener Weise Vergangenheit war, immer noch verständigungshemmend wirken. Wo jüdischerseits eine schleichende Elimination ihrer religiösen und physischen Identität durch Mischehen und durch theologische Assimilation gefürchtet wird, da wird auch christlicherseits der Vorwurf erhoben, daß man zu sehr auf die jüdischen Gesprächspartner zugehe, und daß das Schuldbekenntnis angesichts von Auschwitz dazu mißbraucht werde, auch die neutestamentliche Glaubensbotschaft einer fundamentalen Kritik zu unterziehen.[3]:
Dieser Vorwurf gilt, vor allem von evangelischer Seite erhoben, dem Papier zum Beschluß der Rheinischen Landessynode, das 1980 erschien.

(Hg.), Gott nach Auschwitz. Dimensionen des Massenmords am jüdischen Volk, Freiburg 1979, 44f.

[2] Thoma, C., Christliche Theologie des Judentums, Aschaffenburg 1978, 44f (im Folgenden abgekürzt als: Thoma, C., Christliche ... aaO.).

[3] Vgl. ebd. Zur Gefahr der Inkulturation vgl. auch Rufeisen, D., Kann ein Jude in der Kirche seine Identität bewahren?; Zur Frage der Inkulturation des Christentums in Israel, in: Judaica. Beiträge zum Verständnis des jüdischen Schicksals in Vergangenheit und Gegenwart, 38. Jahrgang, März 1982, Heft 1, 24–32.

Wie groß diese Vorbehalte gegenüber den Dialogpartnern sind, wird im christlich-jüdischen Gespräch selbst scheinbar nicht wahrgenommen. Vielleicht will man es auch nicht wahrhaben, geht es hier doch zunächst einmal darum, Versöhnungsbereitschaft zu zeigen. Infolge des Bewußtseinsschocks, den viele Christen nach den Erfahrungen von Auschwitz erlitten hatten, wollten sie Sühnearbeit leisten. Ihre Arbeit richtete sich vor allem darauf, antijüdische Klischees über Bord zu werfen sowie die Verwurzelung des Christentums im Judentum aufzudecken und theologisch auszuarbeiten.

Hinzu kommt, daß sich die Dialogpartner von den Judaisten den Vorwurf machen lassen müssen, daß sie die theologischen, philosophischen und kulturellen Eigenarten der Partner sowie geschichtlich-konkrete Hintergründe der jüdisch-christlichen Beziehungen nicht ausreichend kennen.

Dieses Defizit stellt C. Thoma auch für die neueren Antijudaismusforschungen fest. Er sieht in den »Bemühungen zur Eindämmung dieser juden- und menschenfeindlichen Denktradition« des Antijudaismus, »bisweilen die Gefahr«, daß »das ganze Problem nur dialektisch, ohne Rücksicht auf die jüdisch-christliche Geschichte vor 1933«[4] behandelt wird.

Aus der Einsicht in die Defizite der wissenschaftlichen Voraussetzungen im Dialog ergeben sich nun folgende Forderungen: Im Interesse des tieferen Verständnisses des geistigen Lebens der Dialogpartner und im Interesse einer Erweiterung der wissenschaftlich abgesicherten Basis jüdisch-christlicher Verständigung empfiehlt C. Thoma, daß die Dialogpartner in Klausur gehen und in jüdisch-christlichen Forschergemeinschaften eine gemeinsame Sprache finden, »die nicht einfach kirchenpolitischen, kirchendiplomatischen oder judenpolitischen Interessen dient«.[5]

Der Realität der Ängste, Verunsicherungen, Aggressionen und Verletztheiten sollte der jüdisch-christliche Dialog nicht ausweichen. Sie stellen ernstzunehmende Anfragen an die Inhalte und Begründungsformen im Dialog selbst dar. Zum anderen sind sie Hemmschuhe in der Verständigung, die der Aufarbeitung bedürfen. Im Interesse einer solchen Aufarbeitung halte ich es für wichtig, zuerst der geschichtlichen und psychisch-konkreten sowie der politischen Eigenarten der uns prägenden Wirklichkeit ansichtig zu werden.

---

[4] Thoma, C., Turbulenzen im jüdisch-christlichen Gespräch, in: Neue Zürcher Zeitung, Fernausgabe Nr. 39, vom 17. 2. 1984, 37 (im Folgenden abgekürzt als: Thoma, C., Turbulenzen . . . aaO.) In der folgenden Darstellung beziehe ich mich auf diesen Artikel.

[5] Ebd.

2. ZUR GESCHICHTE DER JÜDISCH-CHRISTLICHEN BEZIEHUNGEN SEIT 1945

Vorauszuschicken ist, was auch C. Thoma zu bedenken gab: daß die Geschichte der Beziehungen zwischen Juden und Christen älter ist als vierzig Jahre. Ich möchte nur kurz die mittelalterlichen Dispute als kirchengeschichtlichen Aspekt dieser Geschichte nennen. Die Spannungen lassen sich jedoch bis in die Zeit der Entstehung frühchristlicher Gemeinden verfolgen.

Eine gemeinsame kulturelle und geistig-politische Vergangenheit verbindet Juden und Christen seit der sog. »Emanzipation« der Juden bis 1933. Von dieser Vergangenheit ist nur wenig übriggeblieben. Erst in jüngster Zeit gibt es Bestrebungen, die bislang kaum beachtete Tatsache, daß sich deutsche Kultur und Wissenschaft weitgehend dem jüdischen Erbe verdankt, geschichtlich aufzudecken und zugänglich zu machen.

In der Zeit bis 1945 war das kirchliche Verhältnis zum jüdischen Volk von interreligiöser Ignoranz oder der Bekämpfung bzw. Negierung des Judentums geprägt. Die Unentschiedenheit der Kirchen in der Frage ihres Verhältnisses zum jüdischen Volk und zum Judentum führte schließlich zur Mitwisser- und Mittäterschaft am Massenmord am jüdischen Volk im »Dritten Reich«.

Diejenigen, denen dieser Zusammenhang nach Ende des NS-Regimes zu Bewußtsein kam, traten mit Schuldgefühlen in den Dialog ein. Zwischen 1950 und 1979 erschienen kirchlicherseits Veröffentlichungen, in denen man versuchte, die eigene Position zu den Juden zu klären. Eindeutige Schuldbekenntnisse findet man selten. In katholischen Dokumenten gesteht man Fehler ein, auch Versagen. Zum Zeichen der Versöhnung bemühte man sich im Bereich kirchlicher Verkündigungs- und Lehrpraxis um die Beseitigung latenter und offenkundiger Antijudaismen. Neben theologischen Annäherungsversuchen fanden auch politische und kulturelle Begegnungen statt.

Die Existenz und Gründung sowie die Politik des Staates Israel waren und sind im Kontext politisch-kultureller Begegnungen heikle Themen. Ängste und Verletztheiten auf jüdischer Seite, Berührungsängste und undifferenzierte Stellungnahmen von deutscher Seite schaffen ein Klima emotionsgeladener Instabilität, in dem der begründete und doch nicht immer zutreffende Verdacht entsteht, die Kritik an der Staatspolitik Israels sei Anzeichen für das Aufkommen neuer antisemitischer Tendenzen in der Bundesrepublik. In diese Krise hinein entstanden Projekte praktischer jüdisch-christlicher Ökumene in Israel und anderswo.

In Deutschland institutionalisierte sich der Koordinierungsrat für christlich-jüdische Zusammenarbeit. Die Arbeit dieser Institution findet auf allen Ebenen jüdisch-christlicher Begegnung statt. C. Thoma hat kritisch auf einige Folgen solcher Arbeit hingewiesen und auf die neuen Ängste der jüdischen Beobachter des Dialogs aufmerksam gemacht. Diese beziehen sich vor allem auf undifferenzierte Annäherungsversuche und positive Israeltheologien christlicherseits.

3. ZUR THEOLOGISCHEN FRAGESTELLUNG

Die Schwierigkeit, in einen partnerschaftlichen Dialog miteinander zu treten, ohne dabei die eigene Identität zu verlieren, besteht ebenso in theologischen Auseinandersetzungen wie bei kulturellen und politischen Begegnungen. Die jüdisch-christliche Ökumene enthält nach Johann Baptist Metz daher vor allem »ein theologisches Problem, nämlich die Frage, ob und inwieweit das Christentum fähig ist, die messianische Tradition des Judentums in ihrer unüberholten Eigenständigkeit, sozusagen in ihrer fortdauernden Dignität anzuerkennen – ohne daß das Christentum das von ihm vertretene christologische Geheimnis verrät oder herabsetzt. Diese Frage ist wiederum nicht abstrakt zu beantworten, sondern im Eingedenken von Auschwitz«.[6]

Wie hier deutlich wird, geht es gerade im Angesicht von Auschwitz um die Rechtfertigung christlichen Glaubens. Wie aber gehen wir Christen mit den Erfahrungen von Auschwitz um? – Ohne die von uns im entscheidenden Augenblick versäumte Solidarität mit dem jüdischen Volk zu verdrängen? Die Glaubwürdigkeit der behaupteten christlichen Nachfolgepraxis und der behaupteten Solidarität wurde durch diese Erfahrungen radikal hinterfragt. Sie ist heute, wenn auch im Hinblick auf Auschwitz verspätet, immer noch gefordert. Angesichts von Auschwitz bedarf christliche Theologie und Praxis einer veränderten Haltung zur Geschichte. Und diese Geschichte ist keineswegs verarbeitet.

Helmut Peukert konstatiert: »Im Rückgriff auf die Psychoanalyse und auf Verfahren der Ideologiekritik kann ... gezeigt werden, daß auch das Verhältnis zur eigenen Geschichte und damit die Fähigkeit zur unverzerrten Erinnerung zusammenhängt mit der Struktur einer Kommunikation, die solche Erinnerung nicht versperrt, sondern hervorkommen läßt.«[7]

---

[6] Metz, J. B., Jenseits bürgerlicher Religion, Mainz/München 1980, 36 (im Folgenden abgekürzt als: Metz, J. B., Jenseits ... aaO.).

[7] Peukert, H., Wissenschaftstheorie, Handlungstheorie, fundamentale Theologie, Düsseldorf 1978, 67.

Diesen Aufweis möchte ich im ersten Teil meiner Arbeit bringen, dort, wo ich mich mit der »Kritik der Aufklärung« und der »Unfähigkeit zu trauern« auseinandersetze. Insofern Theologie als intersubjektives Reden von Gott auf befreites und solidarisches Handeln zielt und insofern das von J. B. Metz formulierte Bekenntnis zum »Gott der Lebenden und der Toten, der alle Menschen in das Subjektsein vor seinem Angesichte ruft«[8], geteilt wird, ist die Aufarbeitung und unverstellte Erinnerung von Geschichte, von Leiden und Schuld wichtiger Bestandteil von Theologie und christlicher Praxis.

Reflektiert fundamentale Theologie auf die Bedingungen, unter denen ein zeitgemäßes und verantwortliches Reden von Gott möglich ist, so stellt sich innerhalb der theologischen Diskussionen des jüdisch-christlichen Dialogs die Frage, wie man interreligiös nach Auschwitz Theologie treiben kann. Sind die Forderungen nach einer vom Antijudaismus befreiten Christologie, nach einem Verzicht auf die Judenmissionierung und nach einer christlichen Theologie des Judentums Ergebnis dieser Diskussionen, so steht deren Durchführung in den einzelnen Disziplinen noch aus. Sie kann auch hier nicht geleistet werden.

Meine Reflexionen setzen noch einmal früher an. Es stellt sich nämlich die Frage, ob das, was Auschwitz kulturell, politisch, religiös und theologisch bzw. kirchengeschichtlich für eine katholische Theologie bedeutet, überhaupt genügend in den Blick genommen ist. Daß wir die Erfahrungen von Auschwitz im Blick behalten und unsere Fähigkeit – wenn es sie gibt – damit zu leben, scheinen die Voraussetzungen dafür zu sein, daß im Dialog auf ein richtiges theologisches Verhältnis zueinander hingearbeitet werden kann. Ich stelle also die Frage nach den Voraussetzungen, mit denen bisher Theologie nach Auschwitz betrieben wurde, um deren Tragfähigkeit zu prüfen.

Im Ausblick soll dann der theologische, kulturelle, politische und psychologische Kontext abgetastet werden, von dem her sich eine Theologie im jüdisch-christlichen Dialog verstehen könnte.

Kritisch gegenüber allen Versuchen, nach Auschwitz Theologie zu betreiben, merkt H. Jochum an:

»Grundsätzlich kann die Bedeutung dieser Bemühungen gar nicht überschätzt werden. Doch werden alle gut gemeinten Appelle und freundlichen Beziehungen – erst recht, wenn sie nicht mehr in die Plausibilitätsstruktu-

[8] Metz, J. B., Glaube in Geschichte und Gesellschaft, Mainz/München 1977, 3 (im Folgenden abgekürzt als: Metz, J. B., G.G.G. . . . aaO.).

ren der Gesellschaft passen – fruchtlos bleiben, wenn sie nicht durch eine neue Lehre, ein neues theologisches Bewußtsein, das Überzeugungskraft gewinnt, abgestützt wird.«[9]

---

[9] Jochum, H., Juden und Christen – Volk Gottes. Sachaspekte zu einer Unterrichtsreihe für die Sekundarstufe II, in: Katechetische Blätter. Zeitschrift für Religionsunterricht, Gemeindekatechese, kirchliche Jugendarbeit, 105. Jg., 1980, Heft 11, 881.

ERSTER TEIL
AUSCHWITZ: ENDE ODER WENDE? DIMENSIONEN EINER GESCHICHTLICHEN ERFAHRUNG UND IHRER VERARBEITUNG

1. »HASCHOAH«: JÜDISCHE ERFAHRUNGEN IN AUSCHWITZ UND JÜDISCH-THEOLOGISCHE VERSUCHE IHRER BEWÄLTIGUNG ODER: WARUM AUSCHWITZ EIN ENDE HABEN MUSS

1.1 Vorbemerkung
Zum hermeneutischen Ausgangspunkt der Arbeit

Hier soll es zunächst um die Dimensionen der Erfahrungen von Auschwitz gehen. Sie sind das Thema, an dem sich die folgenden Reflexionen abarbeiten sollen. Ich denke, daß es redlich ist, auf die erlebte und beschriebene Wirklichkeit von Auschwitz erst einmal zu hören und zu sehen. Das möchte einer voreiligen und geschichtslosen Theoriebildung vorbeugen. Von daher stellt es eine Unterbrechung des Gedankenganges dar.
Sechs Millionen Juden wurden in Konzentrationslagern umgebracht, weitere Tausende wurden zur Flucht gezwungen, um sich zu retten, doch kamen viele dabei um. Die Kirchen zogen sich aus dieser Politik zurück oder sie distanzierten sich bewußt vom jüdischen Volk[1]. Forschungen zur Entjudaisierung der kirchlichen Traditionen trafen sich mit nationalsozialistischen antisemitisch-rassistischen Interessen[2]. Geleisteter Widerstand konnte sich kaum durchsetzen.
Die Problematik unserer Dialogsituation heute ist deutlich: Die Erfahrun-

---

[1] Vgl. Ginzel, G. B., in: ders., Auschwitz als Herausforderung für Juden und Christen, Heidelberg 1980, 254f (im Folgenden abgekürzt als: Ginzel, G. B., Auschwitz ... aaO.).
[2] Vgl. Siegele-Wenschkewitz, L., Theologie nach dem Holocaust. Christlicher Antijudaismus als Wurzel des Antisemitismus, in: Concilium. Internationale Zeitschrift für Theologie, 20. Jg., Oktober 1984, Heft 5, 413f.

gen von Auschwitz sehen aus der Sicht der Betroffenen ganz anders aus als für die Mörder, für Außenstehende, für Nachgeborene. Dieser Erfahrungsbruch, die aus entgegengesetzten Situationen erlebte Wirklichkeit teilt die Dialogpartner in diejenigen, die ein Schuldbekenntnis für sich und stellvertretend für die unmittelbar Schuldigen abgelegt haben, und in diejenigen, die mit ihrer deutschen Geschichte noch einmal anfangen und auf die Christen zugehen.
Als deutsche, nachgeborene Christin habe ich in der Begegnung mit deutschen Juden zwei Anliegen: Es geht mir um eine theologische Verständigung, in der die theologische und religiöse Identität des Dialogpartners geachtet wird, und um die Einbeziehung des geschichtlichen Verhältnisses von Kirche und Judentum bzw. von Christentum und jüdischem Volk in diese Verständigung.
Das zweite Anliegen betrifft die den Juden und Christen gemeinsame Geschichte in Deutschland bzw. auch die gemeinsame Gegenwart. Hier leben können heißt, nicht gedanklich vor Deutschland und seiner Geschichte fliehen zu müssen. Zumal sich deutsche Kultur, Wissenschaft und Wirtschaft in den einhundertfünfzig Jahren vor dem NS-Regime in überragender Weise den Beiträgen von Juden verdankt, auch wenn diese zum Großteil ihre Identität nicht aus ihrer jüdischen Herkunft bezogen. Es geht also um eine kritische und bewußte Aneignung deutscher Geschichte, und zwar vor allem innerhalb der Theologie.

1.2 Erste Unterbrechung. Erfahrungen in Auschwitz Zur Gefahr von Sprachzerstörung, Erinnerungs- und Identitätsverlust

»Auschwitz heute: ein riesiges Museum, mit vielen lärmenden, lachenden, fotographierenden und mit wenigen deprimierten, schweigenden und weinenden Besuchern. In Auschwitz brechen Touristen zusammen, weil sie die Ausdehnung dieser KZ-Stadt und die Anstrengung während der kilometerlangen Wege von der ›kleinen Gaskammer‹ im Stammlager und den Krematorien und durch die Baracken von Birkenau in der schwülen Hitze des Auschwitzer Sommers unterschätzt haben.
In Auschwitz, heute, sterben Menschen: Ältere Leute aus Israel und Amerika, die der ›Hölle von Auschwitz‹ entrinnen konnten, die zurückkehrten, um Kaddisch zu sagen, weil irgendwo in den Tümpeln, im Boden der Felder und Äcker um Auschwitz die Asche ihrer Eltern oder Kinder eingepflügt wurde – Auschwitz ein gigantischer Friedhof, dessen Erde die Überreste von vier Millionen Menschen aufnehmen mußte – und die von

den Erinnerungen an das Geschehen vor vierzig Jahren umgebracht wurden: die letzten Opfer des NS-Terrors.«[3]

Diese Beschreibung Günther Bernd Ginzels macht noch einmal den Bruch in den Erfahrungen von Nachgeborenen und Betroffenen von Auschwitz klar. Aber das geschichtliche und komplexe Bild dessen, was mit Auschwitz gemeint ist, vervollständigt sich erst, wenn das Erleben der am Massenmord direkt Beteiligten hinzugezogen wird. Ein Beispiel bietet das Tagebuch des Münsteraner Anatomieprofessors J. P. Kremer. Es vermittelt einen Eindruck davon, was auch Hannah Arendt in ihrem Buch über den Eichmann-Prozeß darstellen will: Die Banalität, die naive Halbbewußtheit und die unglaublich gehorsame Korrektheit, mit der die mit der »Endlösung« Beauftragten den Mord an den Millionen Opfern des NS-Regimes begingen[4].

Was bedeutet es, daß heute noch Menschen in Auschwitz sterben? Die traumatischen Erfahrungen, die hinter diesem Sterben stehen, sind uns Nachgeborenen erst seit den späten fünfziger Jahren zugänglich durch die Veröffentlichungen von Berichten, Dokumenten, Quellen und Tagebüchern von Überlebenden. Edna Brocke bezeichnet die erste Phase, jüdischerseits auf die Erfahrungen in der NS-Zeit zu reagieren, »einen verspäteten Erlebnisbericht, den einige zusammentrugen und kommentarlos für sich sprechen ließen«[5]. Die meisten von ihnen erschienen außerhalb von Deutschland[6]. Ihre Verspätung führt Frau Brocke darauf zurück, daß »die Überlebenden selbst nicht sprechen konnten«[7]. Daß diese Sprachlosigkeit noch heute existiert und Menschen heute noch an Auschwitz krank werden, an »anfallweiser Hypermnesie« leiden, dem »KZ-Syndrom«[8], muß ein Reden vom jüdisch-christlichen Dialog berücksichtigen.

Die biographischen Zeugnisse der Überlebenden und der Nachgeborenen zeichnen sich durch den Mut aus, auszusprechen, was erlebt wurde. Sie sind kaum Zeugnisse der Bewältigung, sondern des noch gegenwärtig identitätsbedrohenden Leids. Die Erfahrungen werden zuerst einmal wahr- und

---

[3] Ginzel, G. B., aaO. 19.

[4] Internationales Auschwitz Komitee (Hg.), Unmenschliche Medizin. Anthologie, Bd. I, Teil 1, Warschau 1969. Berichte und authentisches Material bietet der Bd. II dieser Anthologie, 1970 erschienen unter dem Titel: In der Hölle retteten sie die Würde des Menschen.

[5] Brocke, E., Der Holocaust ein Wendepunkt?, in: Klappert, B./Starck, H. (Hg.), Umkehr und Erneuerung, Erläuterungen zum Synodenbeschluß der Rheinischen Landessynode 1980, Neukirchen–Vluyn 1980, 101.

[6] Einer der bekanntesten Berichte ist der von Wiesel, E., Die Nacht, Esslingen 1980.

[7] Brocke, E., aaO. 101.

[8] Ginzel, G. B., aaO. 17.

hingenommen. Es geht nicht um die Frage, wie Auschwitz möglich war. Die Frage ist, wie diese Erfahrungen zu verkraften sind und welche Perspektiven jüdischer Existenz sich angesichts von ihnen auftun[9].

Das Ausmaß und die Tiefe jüdischer Identitätszerstörung kann man jedoch nur ermessen, wenn man begreift, mit welcher Willkür die rassistischen Gesetze und Erlasse des NS-Regimes jeden Juden trafen, ungeachtet dessen, ob er sich als religiös oder nicht, als sozialistisch oder national, als Zionist oder deutscher Bürger verstand. Die Willkür, mit der alle verfolgt wurden, die bis in die Großelterngeneration jüdische Vorfahren hatten, machte »alle Versuche aus der Vorkriegszeit, das eigene Judesein definieren zu wollen«[10], zunichte. Die Tragik des jüdischen Schicksals in Deutschland und die Starre der deutschen Gesellschaft werden deutlich, wenn man bedenkt, daß die von deutschen Juden, seit der sog. Emanzipation, mit viel Einsatz und Bemühung verfolgte kulturelle Anpassung und gesellschaftliche Integration nie wirklich gelang. Die deutsche Gesellschaft verhielt sich ihnen gegenüber stets abwartend, wenn nicht distanziert und gleichgültig. Selbst als offensichtlich wurde, daß es um die Ausrottung der Juden ging, verharrte der Großteil der deutschen Gesellschaft in distanzierter Gleichgültigkeit, zumindest in Unsicherheit und Handlungsunfähigkeit. – Nun, so fordern viele redliche Teilnehmer am Dialog, ist es an den Deutschen zu warten, ob Juden nach Deutschland zurückkehren, und sie müssen es akzeptieren, wenn diese es nicht tun.

Nach W. S. Freund waren es gerade die Juden in Deutschland, die die deutschen kulturellen Traditionen aufrechterhielten und pflegten[11]. Viele kämpften im ersten Weltkrieg für Volk, Kaiser und Vaterland. Etliche hatten Orden bekommen. Sie, die sich als deutsch verstanden, glaubten noch in den ersten Jahren des NS-Regimes, daß ihnen nichts geschehen dürfe. Pinchas Lapide deutet diese Haltung, die vielen Juden und ganzen Dörfern zum tödlichen Verhängnis wurde[12], als die zu große Fähigkeit, im Dunkel noch etwas Gutes erkennen zu wollen und zu können[13]. Die

---

[9] Vgl. Schneider, K., »Fragen zur jüdischen Identität der zweiten Generation«, in: Becker, E./Popitz, P./Schreiner, H.-P. (Hg.), Juden in Deutschland 1983 – integriert oder diskriminiert?, Landau 1983, 160.

[10] Brocke, E., aaO. 101.

[11] Vgl. Freund, W. S., Deutsche und Juden: Fremdheit oder Nähe der Lebensgefühle?, 51–73; vgl. auch dazu Lapide, P., Juden und Deutsche – Zweitüberlegungen nach 40 Jahren, 165–185; beides in: Becker, E./Popitz, P./Schreiner, H.-P. (Hg.), Juden in Deutschland 1983 – integriert oder diskriminiert?, Landau 1983.

[12] Vgl. Wiesel, E., Die Nacht, aaO. 18f.

[13] Vgl. Lapide, P., aaO. 172.

Zerstörung einer sich in der Umbildung und Erneuerung befindlichen Identität des Judeseins fand zugleich auf mehreren Ebenen statt: Deutsch durften sie nicht sein, religiös und kulturell wurden sie, soweit das gelang, ausgelöscht. Juden durften sie nicht sein. Annäherungsbewegungen an die deutsche Kultur und Gesellschaft wurden jäh gekappt. (Eine zufriedenstellende geschichtliche Darstellung des jüdischen Anteils an deutschem Kultur- und Geistesleben steht noch aus. Sie wäre eine wichtige Grundlage für die Selbstvergewisserung der Kirche hinsichtlich ihrer Stellung im damaligen Konflikt von Kirche und Synagoge.)

1.3 Konsequenzen für eine christliche Theologie im Angesicht der Opfer. Zu den Voraussetzungen einer dialogfähigen Theologie

Will christliche Theologie angesichts der Opfer von Auschwitz in den jüdisch-christlichen Dialog eintreten, so ergeben sich zumindest folgende Fragen:

Wie soll sie sich gegenüber der Sprachlosigkeit der Opfer verhalten? Theologie muß vorsichtig über mögliche Erfahrungen von Gott reden, um nicht nochmals identitäts- und sprachzerstörend zu wirken. Hinter einem vorschnellen auf die jüdischen Gesprächspartner Zueilen kann sich ebenso wieder die Angst vor der eigenständigen Andersgläubig- und Andersartigkeit verbergen, die die Verschiedenheit nicht auszuhalten vermag und die vormals zum Versuch führte, alles »Andere« zu vernichten oder sich einzuverleiben. Es kann ebenso Ausdruck der Angst vor der Ablehnung durch den eigenständigen religiösen Partner sein, die vormals zur Negierung von dessen theologischer Existenzberechtigung führte.

Wie soll sich Theologie gegenüber der Erfahrung mit sich selbst verhalten und gegenüber der Erfahrung von versäumter Solidarität und Schuld? Kriterium einer Theologie nach Auschwitz wäre ihre Fähigkeit, den Erfahrungsbruch zwischen Juden und Christen auszuhalten und ihrer eigenen Schuld eingedenk den Dialogpartner als theologisches Subjekt ernstzunehmen. Sie müßte auch sein Schweigen akzeptieren.

Weil in Auschwitz das Gefühl, ein Mensch zu sein, verlorengeht, vermeiden es jüdische Betroffene, in ihren Erfahrungen von der Katastrophe theologisch zu reden. Dies hat E. Wiesel in seinem Buch »Die Nacht« deutlich gesagt[14]. E. Wiesel ist aber auch einer der Juden, die in den Dialog mit den Christen eingetreten sind und die für sich eine Art versteckter Theologie

---

[14] Vgl. Wiesel, E., aaO.

gerettet haben. An anderer Stelle spricht er davon: »Jude zu sein, bedeutet sämtliche Gründe in der Welt dafür zu haben, keinen Glauben zu haben an Sprache, an Singen, an Gebete und an Gott; aber fortzufahren, die Geschichte zu erzählen, den Dialog weiterzutragen, und meine eigenen stillen Gebete zu haben und meine Auseinandersetzungen mit Gott.«[15]

Es wird deutlich, daß Juden und Christen einen durchaus verschiedenen Ausgangspunkt haben, von dem aus sie mit den Erfahrungen von Auschwitz theologisch fertig werden müssen. In einer solchen theologischen Reflexion, behauptet E. Brocke, kann es nicht um die Rechtfertigung Gottes, sondern nur um die Rechtfertigung des Menschen gehen, bzw. um die Rechtfertigung des Gottesbildes, dem dieser handelnd gefolgt ist[16]. G. B. Ginzel stellt fest, daß sich die Theodizeefrage für einen gläubigen Juden nicht stellt, da Leiderfahrungen als Frage an den Menschen und seine Gottesbeziehung, nicht aber als Infragestellung der Existenz Gottes gedeutet werden[17].

Dennoch, so werden die im nächsten Abschnitt vorgestellten jüdisch-theologischen Antworten auf die Erfahrungen von Auschwitz zeigen, bleibt die Gottesfrage nicht unberührt, bleibt die Gottesbeziehung nicht unhinterfragt.

1.4 Jüdisch-theologische Antworten auf »Haschoah«. Zur Problematik theologischer Sinndeutungen im Angesicht der Opfer

Die jüdisch-theologischen Verarbeitungen der Erfahrungen von Auschwitz sind vielfältig wie die Richtungen im Judentum selbst. Sie stammen vorwiegend aus den USA. C. Thoma bezeichnet die Theologien, die sich unmittelbar durch den millionenfachen Mord in den KZs des NS-Regimes herausfordern ließen, als »Holocausttheologien«[18].

An dieser Stelle möchte ich einige Bemerkungen zur Problematik des Begriffes »Holocaust« vorausschicken: Mit diesem terminus technicus bezeichnet man in Deutschland die Wirklichkeit alles dessen, was zur Planung und Vernichtung des jüdischen Volkes in den Jahren zwischen 1938 und 1945 gehört. Man beruft sich christlicherseits auf E. Wiesel, der dieses Wort benutzte und damit »den Mord an den Juden im Dritten Reich« bezeich-

---

[15] Ders., in: Littell, F./Locke, H. G. (Hg.), The German Church-Struggle and the Holocaust, Detroit 1984, 277.

[16] Vgl. Brocke, E., aaO. 108.

[17] Vgl. Ginzel, G. B., aaO. 264.

[18] Thoma, C., Christliche ... aaO. 232.

nete[19]. Die Verwendung dieses Wortes im Deutschen blieb nicht unwidersprochen. G. B. Ginzel macht darauf aufmerksam, daß anders als im Amerikanischen, wo Holocaust im Sinne von »ganz verbrannt« benutzt wird, es im Deutschen und dort im Papier der Rheinischen Landessynode vom 1. 11. 1980 im Hinblick auf die Bibel mit »das Ganzopfer«[20] übersetzt wird.

Theologisch kann man es nicht verantworten, diese Bedeutung auf den systematischen Mord an sechs Millionen Juden anzuwenden. Als Begriff mit dieser sicherlich nur halbbewußten Konnotation macht sich »Holocaust« ideologieverdächtig: als ginge es um die Ästhetisierung und moralische Beschönigung der Wirklichkeit in einem religiösen Mythos. Theologisch stellt sich zum Begriff »Holocaust« die Frage, welches Gottesbild hier beschworen wird: Ein Gott, der Menschenopfer fordert und annimmt. In der Absicht, den jüdischen und christlichen Gottesbegriff vor solcher Mythologisierung zu retten, plädiert G. B. Ginzel für den Begriff »Haschoah«, der sich im Neuhebräischen für die Bezeichnung der »Katastrophe« im Judentum eingebürgert hat. Da ich jeden Versuch einer theologischen Rechtfertigung des Massenmordes in den KZs des NS-Regimes für untragbar halte, möchte ich auch nicht den Schein einer solchen theologischen Argumentation durch sprachliche Unreinheiten erwecken und übernehme deshalb den Begriff »Haschoah«.

Die Versuche jüdischer Theologen, Antworten auf »Haschoah« zu finden, sind verschieden. E. Brocke und Yehoshua Amir geben in ihren Darstellungen jeweils einen guten Überblick über die sehr differenzierten Ansätze der jüdischen Theologen[21]. Sie lassen sich vor allem nach verschiedenen »Denkmotiven« oder »Modellen« unterscheiden, die ihre Wurzeln in der Tradition des Judentums haben. Sie sind Versuche, »Haschoah« unter Rückbezug auf das Studium der Schriften und Quellen theologisch zu deuten. Eine Synopse der theologischen Antworten ergibt, daß man grob fünf Denkmodelle angeben kann, auf deren Hintergrund »Haschoah« gedeutet wird.

---

[19] Vgl. Thesen zur Erneuerung des Verhältnisses von Christen und Juden, erarbeitet von dem Ausschuß »Christen und Juden« – von der Landessynode durch Beschluß entgegengenommen, in: Klappert, B./Starck, H. (Hg.), Umkehr und Erneuerung ... aaO. 267.

[20] Zit. nach Ginzel, G. B., Auschwitz ... aaO. 250; vgl. auch entsprechende Artikel zu »Haschoah«, in: Encyclopaedia Judaica, 1.–3. Ergänzungsband 1973 (events of 1972).

[21] Vgl. Amir, Y., Jüdisch-theologische Positionen nach Auschwitz, in: Ginzel, G. B., Auschwitz ... aaO. 439–455; vgl. auch Brocke, E., aaO. 104–110; vgl. ebenso Brocke, M./Jochum, H. (Hg.), Wolkensäule und Feuerschein. Jüdische Theologie des Holocaust, München 1982, dazu: Berkovits, E., Das Verbergen Gottes, aaO. 43–73; Fackenheim, E. L., Die gebietende Stimme von Auschwitz, aaO. 73–111; Hartom, I. M., »unserer Sünden wegen ...« 20–27; Greenberg, I., Augenblicke des Glaubens, 136–178.

1.4.1 In der Tradition, aus der Leiden und Geschichte Israels gedeutet werden, ist das Schema von Sünde und Strafe fest verankert. Joel Teitelbaum, Issachar Schlomo Teichtal und Menachem Immanuel Hartom sind Vertreter einer solchen Bestrafungstheologie nach Auschwitz. Auschwitz wird dabei vor allem judeozentrisch gedeutet, als Strafe Gottes für begangene Sünden Israels. Als Sünde wird dabei unterschiedlich einmal das Wirken der Zionisten gesehen, dann der Assimilationsversuch der Juden in der Diaspora. Eine Zuspitzung findet diese Deutung bei Hartom, der das deutsche Volk als Werkzeug Gottes deutet, durch das Gott die in Deutschland am weitesten gediehene Assimilation der Juden bestrafte.

In diesen theologischen Ansätzen sind Gottesvorstellungen impliziert, denen E. Brocke, Y. Amir, B. G. Ginzel gemeinsam mit Eliezer Berkovits heftig widersprechen. Ich möchte Berkovits hier zitieren: »Dies (daß der Holocaust Strafe für die Sünden der Zionisten war) zu glauben, ist eine Entweihung des heiligen Namens.«[22]

Der theologische Protest richtet sich vor allem dagegen, wie hier mit den Opfern des NS-Regimes umgegangen wird und was für ein Gott hier vorausgesetzt ist. Was ist das für ein Gott, der sich eine Diktatur zum Werkzeug macht, um sich ein so großes Opfer zu nehmen? Und was ist mit den Millionen andersgläubiger, politischer und rassistischer Opfer, die in den KZs sonst noch umkamen? Diese Interpretation genügt allein »schon nicht dem historischen Faktum«[23] der willkürlichen Ermordung von Juden aller Gruppen. Sie gerät in die Gefahr, die Opfer gegeneinander auszuspielen und Auschwitz zum Werkzeug eigener politischer Interessen zu machen. Es ist aber interessant zu sehen und schwer zu deuten, daß diese Theologien den Erfahrungen von Auschwitz zeitlich am nächsten sind.

1.4.2 Mit einer Art jüdischer Gott-ist-tot-Theologie wendet sich Richard L. Rubenstein gegen den Gedanken einer Vorsehung Gottes, durch die auch die Ermordung der Juden vorausbestimmt gewesen sei. Den Willen Gottes und sein Wirken in der Geschichte stellt Rubenstein radikal in Frage. Angesichts von Auschwitz und Majdanek kann er nur mit einem »intuitiven Unglaubensakt« antworten: daß Gott hier gestorben ist. Es ist der Gott der sinnvollen Geschichte, der hier stirbt. Es ist eine Absage an das Strafe-Sünde-Schema, mit dem Geschichte gedeutet wurde. Was bleibt, ist der Zusammenhalt der Gemeinden und der Synagogen, in der das Beten zu Gott problematisch und unmöglich bleibt.

Inwieweit die zusammenhaltenden Gemeinden und Synagogen nur als

[22] Berkovits, E., Faith after the Holocaust, New York 1973, 135.

[23] Ginzel, G. B., aaO. 266.

soziologische Größe bestehen bleiben, oder ob hier doch unausgesprochen und heimlich Gott die Treue gehalten werden soll, ist unklar.
Die bisher genannten theologischen Modelle stellten ein geschlossenes System dar, eine fertige Antwort. Zeitlich spätere Theologen verstehen sich nur noch als Versuch einer Antwort auf die Erfahrungen mit Auschwitz, sie greifen ebenfalls auf traditionsverbundene Denkmotive zurück; diese Theologien sind in sich komplexer und offener.
1.4.3 In Anlehnung an die Überlieferung vom Opfertod Israels und an die Tradition vom leidenden Gottesknecht sprechen einige Theologen vom Märtyrertod der Juden in Auschwitz, die stellvertretend für andere starben, zur Heiligung des Namens Gottes, als Warnung für die Völker, daß ein solcher Tod auch ihnen widerfahren könne. Diese Ansätze implizieren, daß es langfristig um die Verhinderung von Ereignissen wie Auschwitz gehe. Aber auch die Motive dieser Theologien erfassen die Wirklichkeit von Auschwitz nicht und lassen sich mit ihr nicht in Deckung bringen. Denn: Wo bleibt im Bezug auf das Isaakmotiv der Engel, der einschreitet und das Menschenopfer verhindert?
Zum anderen möchte ich einwenden, daß die persönliche Situation der Opfer hier gar nicht berücksichtigt wird. Sechs Millionen Juden, verstanden als »Kollektivprophet«, der bewußt in den Märtyrertod geht; das trifft keineswegs die Unvorbereitetheit der Opfer und die Willkür, mit der die Juden umgebracht wurden.
In diesem Ansatz findet sich jedoch ein Element, das für einige Theologen im jüdisch-christlichen Dialog ein wichtiger Bezugspunkt wird. Es ist die »Für-Struktur« des Todes der Juden in den KZs. Ernst Ludwig Ehrlich, Peter von der Osten-Sacken und Clemens Thoma in Anlehnung an Jules Isaak weisen darauf hin, daß es einen Zusammenhang zwischen dem Kreuzestod Jesu und der Ermordung der Juden im NS-Regime geben kann[24]. Sie interpretieren den millionenfachen Mord an den Juden so, daß in ihnen Jesus Christus ein zweites mal gekreuzigt worden ist. E. L. Ehrlich schreibt: »Das Judentum mag für viele Christen ein Stachel sein, Jesus ist es auch. An ihm wollten sie vorbeikommen, indem sie ihn verinnerlichten, dogmatisierten, verabsolutierten und damit ständig umbrachten.«[25]
1.4.4 Die Wirklichkeit der KZs bleibt furchtbar und unannehmbar, so daß

[24] Vgl. Thoma, C., Christliche ... aaO. 232; von der Osten-Sacken, P., Grundzüge einer Theologie im christlich-jüdischen Gespräch, München 1982, 65 f; Ehrlich, E. L., Eine jüdische Auffassung von Jesus, in: Eckert, W. P./Henrix, H. H. (Hg.), Jesu Jude-Sein als Zugang zum Judentum, Aachen 1976, 47f.
[25] Ehrlich, E. L., aaO. 47f.

man nur von der Verborgenheit des Antlitzes Gottes dort sprechen konnte. Das Motiv des verborgenen Antlitzes Gottes ist ebenfalls aus der jüdischen Tradition geläufig. Es ist die schriftlich überlieferte Erfahrung von der Unverstehbarkeit der Wege Gottes und seines Handelns. Hinter der Verzweiflung an der Unerkennbarkeit von Gottes Willen steht jedoch das heimliche Vertrauen darauf, daß Gott sich letztlich doch als Retter erweisen wird[26].

In der Darstellung Y. Amirs ist auffällig, wie die Theologien, die von Gottes Abwesenheit, Gottes Strafe, Gottes Zerstörungswillen in Auschwitz sprechen, diese Erfahrung aus der Perspektive der Rettung verstehen[27]. Denn Gott hat sich im neugegründeten Staat Israel wieder als treu, geschichtsmächtig und anwesend erfahrbar gemacht. Der Staat Israel wird so behandelt, als sei er unmittelbar aus den Leiden in Auschwitz entstanden; ihm kommt der »Rang einer Offenbarung in unserer Zeit« zu[28]. Die Selbstverbergung und seine rettende Erscheinung »sind beides unabdingbare Momente seines [Gottes] unerforschlichen Wesens«[29].

Problematisch an diesem geschichtstheologischen Entwurf scheint mir, daß die Zeit jüdischer Existenz im deutschen Reich vor dem NS-Regime als Zeit der Sünde bewertet und die Existenz Israels in den Zusammenhang mit dem Willen Gottes zu seiner Wiederversöhnung gebracht wird. Die Entstehung des neuen Lebensraumes wird so gegen die Leiden der Opfer der nationalsozialistischen Blut- und Rassenideologie ausgespielt. Im Sinne einer besseren Zukunft werden die Toten funktionalisiert, ihr vorausgehendes Leben als Sünde abqualifiziert. Gott wird auf die Seite der Lebenden gezerrt, und man argumentiert mit ihm gegen das Leiden der Toten. Walter Benjamin, selbst Opfer der Verfolgung durch die Nationalsozialisten, würde diesen Gedanken abwehren. Schon 1940 schrieb er in der VI. These seines philosophischen Essays »Über den Begriff der Geschichte«: »Nur dem Geschichtsschreiber wohnt die Gabe bei, im Vergangenen den Funken der Hoffnung anzufachen, der davon durchdrungen ist: auch die Toten werden vor dem Feind, wenn er siegt, nicht sicher sein. Und dieser Feind hat zu siegen nicht aufgehört.«[30]

1.4.5 Gegen eine im Sinne der Theodizee von Gott redende Interpretation der »Schoah« wendet sich das Verantwortungsmodell. Es geht davon aus,

---

[26] Vgl. dazu Ginzel, G. B., aaO. 264; ebenso Amir, Y., aaO. 450 und Brocke, E., aaO. 107.
[27] Amir, Y., aaO.
[28] Berkovits, E., aaO. 90.
[29] Amir, Y., aaO. 450.
[30] Benjamin, W., Über den Begriff der Geschichte, in: Schweppenhäuser, H./Tiedemann, R. (Hg.), Gesammelte Schriften, Bd. I. 2, Frankfurt 1974, 691–704.

daß es angesichts von Auschwitz um eine Rechtfertigung des Menschen geht; nicht aber um die Legitimation Gottes. Auschwitz stellt in sich noch keine Wende dar, auch nicht im Hinblick auf den Staat Israel, nicht bezüglich der Geschichte des Volkes Israel und nicht hinsichtlich des weiteren Verlaufs weltweiter Politikgeschichte. Auschwitz wird als eine Steigerung in der Leidensgeschichte des Volkes Israel betrachtet und seine Wiederholung für möglich erachtet. Die dieser Auffassung entsprechende ethische Haltung hat Emil Fackenheim so formuliert: »Dem authentischen Juden von heute ist es verboten, Hitler posthum einen weiteren Sieg zuzuspielen.«[31]

Diesem Anliegen verpflichteten sich Wissenschaftler, denen an der theoretischen Aufarbeitung der Phänomene Faschismus, Antisemitismus und Nationalsozialismus in Deutschland gelegen war. Das übernächste Kapitel ist diesen Versuchen der Aufarbeitung gewidmet.

2. JÜDISCHE ERFAHRUNGEN IN DEUTSCHLAND NACH 1945 ODER: WARUM AUSCHWITZ NOCH KEIN ENDE HAT

2.1 Vorbemerkung
Zum Sinn geschichtlicher Vergewisserung für Christen, insofern sie Bundesbürger sind

»Und der Feind hat zu siegen nicht aufgehört.«[1] Das legen die Beiträge und literarischen Zeugnisse deutscher Juden nahe, die in Deutschland geblieben oder hierher zurückgekehrt sind. Die Motive der Rückkehr sind unterschiedlich. Sei es, wie Th. W. Adorno und M. Horkheimer sagten, weil man hier besser gearbeitet hatte, sei es, weil man »zu schwach« war, »um wegzugehen und um in einem neuen Land Fuß zu fassen«[2]; sei es, weil man keine andere Heimat nehmen wollte. Wie aus einem Vortrag P. Lapides zu entnehmen ist, standen viele deutsche Juden der Gründung des Staates Israel kritisch gegenüber[3]. Sie hatten in Deutschland ihre geistige und kulturelle Heimat.

Noch einmal möchte ich den theoretischen Gedankengang dieser Arbeit

---

[31] Fackenheim, E. L., The Jewish Return into History, New York 1978, 22, zit. nach: Brocke, E., aaO. 107.

[1] Benjamin, W., aaO.

[2] Fleischmann, L., Dies ist nicht mein Land. Eine Jüdin verläßt die Bundesrepublik, Hamburg 1980, 248.

[3] Vgl. Lapide, P., aaO.

unterbrechen und eine geschichtliche Rückversicherung vornehmen. Das konkrete Verhältnis zwischen deutschen jüdischen und anderen Bundesbürgern gestaltete sich nach 1945 keineswegs unproblematisch. Es ist von beidseitiger Befangenheit geprägt. Viele jüdische Bürger schweigen über das, was sie erlebt haben. Ihr Wunsch ist es, als deutsche Bürger akzeptiert zu werden und mehr nicht, aber auch nicht weniger. Die Befangenheit auf nichtjüdischer Seite ist entweder von dem Versuch geprägt, die Geschichte zu verdrängen, was nicht gelingt, weil die Existenz der KZs im »Dritten Reich« nicht verleugnet werden kann; oder sie drückt sich in einem unangemessenen, mitleidigen und von Schuldgefühlen belasteten Zueilen auf jüdische Bürger aus.

Machen wir noch einmal eine Bestandsaufnahme von den Gefühlen und der politischen bzw. gesellschaftlich eingewurzelten Verhaltensweise gegenüber den Erfahrungen von Auschwitz. Jetzt kann schon gesagt werden, daß die hier vorgestellten Erfahrungen jüdischer Mitbürgerinnen und Mitbürger in Deutschland die von Adorno, Horkheimer und Pelinka erarbeitete Annahme, daß durchaus die Gefahr einer Wiederholung von Auschwitz nicht gebannt sei, bestärken. Es ist »nicht die exakte Wiederholung der alten Formen der Unmenschlichkeit«, betrifft aber »sehr wohl Variationen von Unmenschlichkeit«[4].

Diese Erfahrungsberichte sind Zeugnisse dafür, daß »Haschoah« immer noch gegenwärtig ist durch die psychischen und physischen Folgen, die die Katastrophe zeitigte. Auschwitz und die Mechanismen, die es hervorbrachten, sind keine abgeschlossene Geschichte. Insofern dies erlebbar ist, betreffen uns Nachgeborene die Folgen von »Haschoah« in der gegenwärtigen Geschichte Deutschlands.

Zuerst möchte ich jüdische Beiträge vorstellen, in denen das Verhältnis und das Gefühl, das sie Deutschlands geistig-menschlicher bzw. gesellschaftlich-politischer Situation entgegenbringen, deutlich werden. Hier ergeben sich kritische Anfragen an Christen, insofern sie auch Bundesbürger sind und Anteil am öffentlichen Bewußtsein haben. Die Anfragen richten sich auf die Klärung des christlichen Verhältnisses zur Geschichte Deutschlands und auf ihren Anteil an der herrschenden geistig-politischen Kultur.

Dann möchte ich eine kritische Selbstreflexion jüdischer Bundesbürger vorstellen, um die Komplexität des jüdisch-christlichen Verhältnisses konkret vor Augen zu führen.

Es fällt auf, daß der Reflexionsgrad bei jüdischen Teilnehmern am jüdisch-

---

[4] Pelinka, A., Die Wurzeln des Nationalsozialismus in Vergangenheit und Gegenwart, in: Frankfurter Hefte, Jg. 58, August 1983, Heft 8.

christlichen Dialog im Hinblick auf den Versuch, die heutige Situation in Deutschland im Zusammenhang mit den Erfahrungen im Dritten Reich zu verstehen und zu analysieren, bis vor kurzem noch wesentlich höher war als auf christlicher Seite. Dies kann nach der Bestandsaufnahme im Bereich der Theologie von Leonore Siegele-Wenschkewitz[5] auch für den Bereich innerkirchlicher Selbstreflexion behauptet werden.

2.2 Zweite Unterbrechung. Jüdische Gefühle in Deutschland heute. Zur Erfahrung der Wiederholbarkeit

Wirkliches Fußfassen ist den wenigsten jüdischen Bürgern bis heute gelungen. Die Zerstörung ihrer kulturellen Identität und ihres Willens zum Engagement ist unter anderem Ergebnis der Schrumpfung ihrer Zahl von 600 000 auf 30 000 heute[6]. Sie stellen keine repräsentative Gruppe mehr dar. Hans Lamm, Präsident der israelitischen Kultusgemeinde, stellt in Frage, ob es im Jahr 2000 noch Juden in Deutschland geben wird. Für die Juden in Deutschland stellt er fest: »Wir sind betrogen in unseren Interessen, in unserer Herkunft, in unseren Bemühungen. Wir wollen als Einzelne akzeptiert werden ... weil wir Mitmenschen sind.«[7]

In dieser Aussage wird deutlich, daß für Juden in Deutschland die Frage nach ihrer Identität immer noch offensteht und von einiger Dringlichkeit ist.

Lea Fleischmann beantwortete für sich die Frage nach ihrer Heimat und Identität, indem sie feststellte: »Dies ist nicht mein Land« und nach Israel auswanderte. Ihre Entscheidung blieb nicht ohne Widerspruch jüdischer Deutscher, und es gibt auch eine Gegenbewegung der Rückkehr israelischer Juden in die Bundesrepublik, dem Heimatland ihrer Eltern und Großeltern. L. Fleischmann verläßt die Bundesrepublik, obwohl nachgeboren. Was ihr schließlich das Leben hier unerträglich erscheinen läßt, sind die Maximen des Handelns und Verhaltens, mit denen sie als Lehrerin in einer deutschen Schule konfrontiert wird. Ausdruck finden diese Maximen in der von ihr so

---

[5] Vgl. Siegele-Wenschkewitz, L., aaO. 413–417.

[6] Lamm, H., Juden in Deutschland heute, in: Becker, K. E./Popitz, P./Schreiner, H.-P. (Hg.), Juden in Deutschland 1983 – integriert oder diskriminiert?, Landau 1983. 131.

[7] Ebd. Eine erste, auf Quellen basierende Analyse des Neubeginns einer jüdischen Gemeinde, ihrer Zusammensetzung und Probleme, erstellte G. B. Ginsel am Beispiel von Köln: Ginzel, G. B., Phasen der Etablierung einer Jüdischen Gemeinde in der Kölner Trümmerlandschaft 1945–1949. In: Bohnke-Kollwitz, J., Eckert, W. P., Golczewski, F. Greive, H., Köln und das rheinische Judentum. Festschrift Germania Judaica 1959–1984, Köln 1984, 445–461.

genannten »Reiß-dich-zusammen-Pädagogik«[8]. L. Fleischmann entlarvt im Laufe ihrer Erfahrungen mit dieser Pädagogik die hinter dieser verborgene Normengebundenheit sowie die Unfähigkeit zu unmittelbaren Lebensäußerungen und den rigiden Widerwillen gegen unangemessene Gefühlsregungen[9]. Sie entdeckt hinter Sachzwängen und hinter dem Wunsch nach festen vorgegebenen Orientierungen die Schwäche zum Ich-Sagen und unreflektierte Autoritätshörigkeit[10].
Anhand von mehreren Erlebnissen in der Schule reflektiert sie die Art, wie bei Entscheidungen die Prioritäten gesetzt werden. Effektivität und Funktionalität haben den Vorrang gegenüber Einfühlung und Engagement für Mitmenschlichkeit. Ein Beispiel bietet die Zeugniskonferenz, in der binnen zwei Minuten über die Nichtversetzung einer Schülerin entschieden werden kann; im Gegensatz dazu aber stundenlang und völlig akribisch der Verwendungsmodus des Papiers für Abzüge erwogen und problematisiert wird[11]. »Wichtig ist, daß der Apparat funktioniert und es keine Unsicherheiten ... gibt.«[12] Sie vermutet, daß in Entscheidungen über die Vergasung von Juden im Dritten Reich die gleichen Werte gegolten haben.
»Wo wäre man hingekommen, wenn man sich bei der Vernichtung von Menschen Gefühle geleistet hätte?«[13]
Die Werte von Effektivität, Funktionalität und Normalität waren zwischenzeitlich in der Pädagogik starker Kritik unterworfen und besaßen dort keine allgemeine Gültigkeit mehr; heute bestimmen eher wieder ökonomische und technologische Gesichtspunkte die Ausrichtung der schulischen Lehrpläne[14]. In der konkreten Erziehung jedoch wirken obige Werte immer noch nach und bestimmen das gesellschaftliche Klima, wie A. Pelinkas Untersuchung zu den Traditionen des Nationalsozialismus befürchten läßt[15].
Und L. Fleischmann resümiert: »... Allmählich begriff ich, daß die Deutschen kein starkes, sondern ein schwaches Volk sind.«[16]
Der Feind hat zu siegen nicht aufgehört; das wird deutlich anhand der Erfahrungs- und Erlebnisberichte von Peggy Parnass. Sie, deren Eltern in

---

[8] Fleischmann, L., aaO. 111, vgl. auch 111ff.
[9] Vgl. aaO. 111ff.
[10] Vgl. aaO. 242f.
[11] Vgl. aaO. 105ff.
[12] AaO. 105.
[13] AaO. 107.
[14] Vgl. dazu Blankerts, H., Theorien und Modelle der Didaktik, München [11]1980, 209ff, 218ff.
[15] Vgl. Pelinka, A., aaO.
[16] Fleischmann, L., aaO. 244.

KZs umgebracht worden sind, ergriff ihren Beruf als Gerichtsjournalistin nach eigener Aussage aus »Notwehr« gegen die immer noch fortdauernden Ungerechtigkeiten in der Rechtsprechung, wenn es dort um die Verhandlung von NS-Verbrechen geht. Der eklatante Unterschied in der Strenge des Verfahrens und in der Genauigkeit der Beweisführung – je nachdem ob linke Angeklagte oder Terroristen vernommen werden oder ob Delikte rechter Gruppen oder von Rechtsextremisten verhandelt werden oder ob es um NS-Verbrechen geht –, das läßt an der Objektivität gerichtlicher Urteilsbildung zweifeln. Es fallen, so recherchierte P. Parnass, die Verfahren oft zu Lasten politisch links eingeordneter Angeklagter und zu Lasten der Opfer des NS-Regimes aus. Die Kläger haben in diesem Fall die Beweislast, sie werden sozusagen noch einmal zu Opfern der Justiz[17].

»Ich bin ins Gericht gegangen aus purem Haß, aus überhaupt keinem anderen Gefühl. Aus bodenlosem Haß auf die Nazis, denen es offensichtlich immer noch besser ging als überlebenden Juden, überlebenden Zigeunern, überlebenden Schwulen, überlebenden Kommunisten. Inzwischen hatte ich auch erfahren, daß diese grandiose Wiedergutmachung, von der immer gesprochen wurde, wie über eine Möglichkeit etwas zu erledigen, daß die nur uns Juden zustand. Ich bekam, und mein Bruder auch, fünf Mark pro Hafttag unserer Eltern. Dafür mußten wir unterschreiben, daß wir auf die Waisenrente verzichten. So clever waren die auch noch. Ich erfuhr, daß Widerstandskämpfer nichts bekamen, weil sie ja zum größten Teil Kommunisten gewesen waren und als solche wieder und weiter verfolgt wurden. Und was mir klar wurde war, daß sie von den gleichen Richtern verfolgt wurden, die sie auch unter Hitler verfolgt hatten. Daß die Richter die Leute waren, die nach wie vor angesehen waren, geehrt waren. Daß das die Leute der Gesellschaft waren, die zu bestimmen hatten. Und ich erfuhr nach und nach, und wenn ich es erfahren habe, nehme ich an, daß es jeder hätte erfahren können, denn so wahnsinnig hab ich nicht recherchieren müssen, daß sogar in Wiedergutmachungsgremien Altnazis saßen. Innerhalb der Polizei Nazis saßen. Ja, eigentlich überall an allen Schalthebeln. Und innerhalb der Wirtschaft sowieso.«[18]

Die Erfahrungs- und Erlebnisberichte von L. Fleischmann, P. Parnass und H. Lamm machen deutlich, daß sich Elemente eines latenten Antisemitismus, aber noch viel mehr die Traditionen von Autoritätshörigkeit und Konfliktscheu, Gefühlsferne und die Verbindung von Ich-Schwäche und

---

[17] Parnass, P., Eindrücke und Gefühle, in: Becker, K. E./Popitz, P./Schreiner, H.-P. (Hg.), Juden in Deutschland 1983 . . . aaO. 139–141.

[18] AaO. 138.

öffentlichen Machtmitteln bis in fast alle Bereiche unserer Gesellschaft nachzeichnen lassen[19].

Für eine Theologie nach dem »Dritten Reich« und nach Auschwitz erhebt sich angesichts der beschriebenen Verhältnisse, die eher identitätsgefährdend als identitätsbejahend oder -fördernd sind, die Frage, wie hier Identitätsfindung als Christ gelingen kann; wie ein Christ als Subjekt seines Glaubens in diesen Verhältnissen leben und sie zugleich bewältigen und verändern kann. Wenn J. B. Metz in diesen theoretischen wie praktischen Zusammenhängen die theologische Redeweise vom Subjekt in geschichtlich und gesellschaftlich konkreten Situationen fordert, so scheint mir hier der Ansatz zu liegen für eine Theologie in Deutschland, die sich auch im christlich-jüdischen Verhältnis dialogfähig erweisen kann[20].

2.3 Zur Identitätskrise und den Perspektiven jüdischer Bürger in Deutschland heute

Von jüdischer Seite stellt sich das Identitätsproblem anders: Karl-Heinz Schneider machte Untersuchungen zur Identitätskrise der zweiten Generation deutscher studierender Juden. Er arbeitete heraus, daß das traumatische Erlebnis von Auschwitz bis in diese Generation der Nachgeborenen wirkt. Die Unfähigkeit, sich von den Erfahrungen der Vergangenheit nicht immer wieder lähmend einfangen zu lassen, sondern sich zur eigenen Gegenwart zu befreien, nennt er die »Selbstquälerei der Opfer«[21]. »Als Juden haben wir uns mit der unbarmherzigen Realität abzufinden, daß wir keine Opfer mehr sind.«[22] Die Herausforderung an jüdische Identitätsfindung stellt sich nach Schneider aus zwei Richtungen. Erstens von innen: Wie werden sie mit dem ihnen von außen aufgezwungenen und in seinen Ausmaßen nicht zu verstehenden Leid fertig, ohne daß diese Auseinandersetzung zwanghaft wird? Zweitens von außen: Wie können sie die Einschränkungen und Gefährdungen ganz anderer Art, die durch übergroße Aufmerksamkeit von Außen speziell auf jüdisches Leid drohen, überwinden?[23]

Angesichts der feststellbaren Perspektivlosigkeit jüdischer Jugendlicher in Deutschland nennt er Ansätze zur Lösung des Identitätskonfliktes in der

[19] Vgl. auch Parnass, P., Unter die Haut, ohne Ort, 1983; vgl. Klappert, B., Die Juden in einer christlichen Theologie nach Auschwitz, in: Ginzel, G. B., aaO. 486–488
[20] Vgl. Metz, J. B., Jenseits ... aaO. 32f.
[21] Schneider, K. aaO. 151.
[22] Ebd.
[23] Vgl. ebd.

Entwicklung einer eigenständigen jüdischen Gegenkultur. Möglichkeiten dazu sieht er in einer Rückbesinnung auf die jüdischen Traditionen der Leidbewältigung und darin, die eigenen Aufgaben als politische wahrzunehmen[24]. Die Möglichkeit zur Bewältigung jüdischer Identitätskrise besteht seiner Ansicht nach darin, daß Juden sich heute der theologisch-politischen Wachsamkeit als erste Aufgabe der Rabbiner bewußt werden und Israel als Verheißung sowie als Aufgabe verstehen.[25]

3. TRADITIONEN DES ANTISEMITISMUS. DIE »DIALEKTIK DER AUFKLÄRUNG« ALS THEORETISCHER ANSATZ ZUR ERKLÄRUNG VON AUSCHWITZ ODER: DIE GEFAHR, DASS SICH AUSCHWITZ WIEDERHOLT

Nachdem durch die biographischen Zeugnisse der Opfer des Nationalsozialismus annähernd nachvollziehbar geworden ist, was »Haschoah« konkret erlebt heißt, ist evident: Auschwitz darf sich nicht wiederholen.
Dies erbrachten auch die jüdisch-theologischen Deutungsversuche, die unter dem Eindruck der geschichtlichen Erfahrungen standen. Darüber hinaus jedoch bedurfte es soziologischer, politologischer, kultureller und psychologischer Analysen zum Verstehen dessen, was passiert war, und um eine Wiederholung abzuwehren.
Es wurden verschiedene Totalitarismus- und Faschismustheorien erarbeitet; in jüngerer Zeit kamen gezielte Forschungen zum Antisemitismus hinzu.
Auf der Suche nach den Subjekten dieser Verstehensbemühungen hält man vergeblich Ausschau nach christlichen Reflexionen und dem Versuch, die Rolle der christlichen Kirchen und Gruppen bzw. Gemeinden im nationalsozialistischen System kritisch aufzuarbeiten.
Die Analysen erfolgten vielmehr von der Seite der Opfer; derer, die vor der NS-Diktatur zur Flucht gezwungen worden waren und im Exil überlebt hatten. Unter ihnen sind die Vertreter der »Frankfurter Schule«, Theodor W. Adorno, Max Horkheimer, Herbert Marcuse, Erich Fromm und Leo Löwenthal. Von der Psychoanalyse kommend sind Alexander und Margarete Mitscherlich an der Aufarbeitung der nationalsozialistischen Vergangenheit Deutschlands beteiligt; Hannah Arendt von philosophischer Seite. Sie alle verbindet der Ansatz, gegenwärtige Krisen in unserer Gesellschaft

[24] Vgl. ebd.
[25] AaO. 160.

und deren prognostizierbaren Folgen aus den Bedingungen politischer, geistiger, sozialer und psychischer Deformationen im Nationalsozialismus verstehbar zu machen. Das Ziel ihrer Analysen ist, aus den Krisen der modernen Gesellschaft durch die konstruktive Verarbeitung der Vergangenheit Wege zu deren Überwindung zu finden.
1947 erscheint in Amsterdam die »Dialektik der Aufklärung«. Th. W. Adorno und M. Horkheimer, die ebenfalls wegen ihrer jüdischen Abstammung nach Amerika fliehen mußten, kommen in dem Bewußtsein nach Deutschland zurück, hier »theoretisch wie praktisch mehr tun zu können als anderswo«[1]. In ihrem Buch zeigen sie auf, wie die ursprünglich kritischen und innovatorischen Begriffe der Aufklärung zur Legitimation moderner Unterdrückungsformen im Bürgertum mißbraucht werden. Den Zusammenhang von begrifflich Intendiertem und dessen Verdrehung im Interesse von gesellschaftlichen Machtverhältnissen bezeichnen sie als dialektischen. Bei der wissenschaftlichen Durchdringung der Zusammenhänge stoßen sie auf die Anzeichen eines Prozesses, der zur totalen Integration des Denkens in das politisch-ökonomische System zu führen droht. Denken und Sprache stehen in ökonomischen Verwertungszusammenhängen, z. B. zum Zwecke der Werbung oder der Ideologisierung. Dieser Prozeß vollzieht sich ihrer Meinung nach als gesellschaftlich vermittelter über Diktaturen und Kriege[2].
Ihr Buch ist einer der frühesten Versuche, die Entstehung und Eigenart des Antisemitismus aus der Verkehrung der kritischen Impulse aufklärerischen Denkens in die Legitimation autoritärer Gesellschaftsstrukturen zu verstehen. Theoriebildung als Form gesellschaftlicher Praxis ist Ausgangs- und Zielpunkt ihrer dialektisch-philosophischen Anstrengungen. Theoriebildung steht dabei in einem doppelten Theorie-Praxisverhältnis zu den Verblendungszusammenhängen gegenwärtiger gesellschaftlicher Verhältnisse: Zum einen ist sie selbst verstrickt in diese Zusammenhänge und versucht durch scharfe analytische Begriffsarbeit, diese zu benennen. Zum anderen ist es ihr Ziel, diese Zusammenhänge durch den Entwurf einer besseren gesellschaftlichen Praxis zu durchbrechen und in Frage zu stellen. Welche Elemente des gesellschaftlich vermittelten Bewußtseins Auschwitz und das daran gekoppelte Verwaltungssystem sowie die rassistische Ideologie hervorbrachten, ist eine leitende Frage ihrer Studien zum Antisemitismus. Zuerst einmal sollte das komplexe Phänomen gesellschaftlich vermit-

---

[1] Adorno, Th. W./Horkheimer, M., Dialektik der Aufklärung, Frankfurt [9]1982, X.
[2] Vgl. aaO. 1.

telter Denk- und Fühlweisen soziologisch, psychologisch und erkenntnistheoretisch auf Begriffe gebracht werden.
Die Beobachtungen zum Antisemitismus führen zur Kritik des neuzeitlich aufgeklärten Bürgertums. Ihre Kritik hatte entlarvt, daß einstmals kritische Begriffe der Aufklärung, so z. B. »Subjekt«, »Freiheit«, »Mündigkeit«, »Vernunft«, »Autonomie« zum Inventar des neuzeitlichen Herrschaftswissens und seiner rigiden Ordnungen funktionalisiert wurden. Mit dem Bürgertum hatte sich dieses Wissen und seine Ordnung auch gesellschaftlich wirksam etabliert. Es war ein weiterer Schritt der Integration des Denkens in das ökonomische und politische System.
Mit einem zum Deckmantel für politische Macht und für geschichtliches Fortschrittsbewußtsein verfälschten Begriff von Autonomie und Subjektsein richtete sich das Herrschaftssystem und seine Ordnung gegen jede Form von Ohnmacht. Besonders, wenn diese sich öffentlich identifizieren ließ mit politischen, religiösen oder ethnischen Minderheiten. Da die Entdeckung der eigenen Verstricktheit in das Machtgefüge politischer Ordnungen und die Entlarvung der eigenen Ohnmacht zu psychischen wie politischen Turbulenzen geführt hätte, mußte man den inneren Widerspruch im einzelnen Subjekt und innerhalb der Gesellschaft nach außen projizieren[3].
Die Entlarvung dieser Projektionsmechanismen scheint mir die entscheidende Entdeckung von Th. W. Adorno und M. Horkheimer zu sein. Der Mechanismus funktioniert dort, wo das öffentlich legitimierte Bewußtsein in Widerspruch zu den Erfahrungen des Einzelnen gerät; hier entstehen Existenzängste psychischer wie politischer Art.
Von der Projektionsthese aus lassen sich die folgenden Phänomene des nationalsozialistischen Antisemitismus aufschlüsseln:
– die Willkür des nationalsozialistischen Rassenhasses und die den Juden zugeschobene Sündenbockfunktion, durch die sie auswegslos in die Vernichtungsmaschinerie des NS-Regimes gerieten;
– der zwischenmenschliche Erfahrungsverlust, der es möglich machte, Auschwitz zu ignorieren;
– Die »Ticketmentalität«[4], mit der Weltdeutung und bereits ideologisch vorinterpretierte Erfahrungen von Parteien und anderen Institutionen der Meinungsmache entgegengenommen werden, Mythen werden zu Ersatzerfahrungen, und Erfahrungen, die die Einsicht in die eigene Ohnmacht, in das eigene Leid, in die eigene Begrenztheit und Aggressivität zuließen, werden gefürchtet und vermieden durch Ersatzerfahrungen, die der Mythos

[3] Vgl. aaO. 151, 155.
[4] AaO. 184.

liefert. Die Ersetzung von eigenem Leidensdruck und der Einsicht in die eigene Unterdrückung durch ein System von Wahnvorstellungen und Mythen nennen die Autoren »Paranoia«. Wirkliche Erfahrung des anderen hat die Eigenschaft, die eigene vorhandene Kompetenz zu direkter Kommunikation hervorzubringen[5]. Wirkliche Erfahrung wird so zur schmerzhaften Unterbrechung des Systems von ideologisch verstellter Wirklichkeitswahrnehmung bzw. vom Mythos.

Doch der Projektionsmechanismus verhindert die Entmythologisierung idealisierter Wirklichkeitswahrnehmung.

Aus Angst vor der Zerstörung der idealisierten Selbstwahrnehmung und halbbewußt ihrer eigenen Ohnmacht gegenüber dem Herrschaftssystem und dessen Irrationalitäten, schlagen sie den »Juden ans Kreuz, endlos das Opfer wiederholend, an dessen Kraft sie nicht glauben können«[6]. Der Ritualmord am Sündenbock muß das bestehende Leben bestätigen, das sinnstiftend sein soll und es nicht ist.

Die Identität des Sündenbocks spielt dabei keine Rolle. Im Bezug auf die Opfer ist die Gesellschaft »intentionslos«. Es ging also im nationalsozialistischen Antisemitismus nicht um die »Juden«; die Funktion des Sündenbocks hätte und hat auch auf andere Gruppen übertragen werden können: auf Kommunisten, Sozialisten, Homosexuelle und Prostituierte, auf Zigeuner und auf Intellektuelle[7]. Wichtig für das Funktionieren der Projektions- und Sündenbockmechanismen ist, daß der vorgebliche Feind nicht wirklich bekannt sein darf. Denn die konkrete Erfahrung mit Juden und mit den anderen zum Feind auserkorenen Opfern des NS-Regimes hätte sich der mühelosen Abstempelung zum politischen, ökonomischen und religiösen Feind entgegengestellt.

Der Sündenbockmechanismus impliziert einen weiteren psychologischen »Umkehrtrick«: Der Täter wird zum Opfer, und das Opfer (hier der Sündenbock) avanciert zum Angreifer: »Vom bloßen Wort, das die Opfer meint: Franzose, Neger, Jude, lassen sie sich in die Verzweiflung von

---

[5] Zu diesem Begriff von Erfahrung vgl. Laing, D., Phänomenologie der Erfahrung, Frankfurt 1969, 11ff.

[6] Adorno, Th. W./Horkheimer, M., aaO. 151.

[7] Den Zusammenhang zwischen der zwanghaften Unterdrückung sog. »minderwertiger« oder »gefährlicher« Personen und Gruppen einerseits und Allmachtsphantasien aus halbbewußter Ohnmacht andererseits macht K. Theweleit in seinem Buch »Männerphantasien« anschaulich. Dabei bezieht er sich auf den Zeitraum zwischen den beiden Weltkriegen. In seinen Analysen geht es um die in sexuellen Phantasien implizierten psychischen Deformationen, die sich in den politischen Strukturen spiegeln. Vgl. Theweleit, K., Männerphantasien, Bd. I u. II, Frankfurt 1980.

Verfolgten versetzen, der zuschlagen muß.«[8] »Der als Feind erwählte, wird schon als Feind wahrgenommen.«[9]

Die hierin implizierte Möglichkeit der Leugnung von Schuld am Tod des Opfers stützt sich auf dessen Degradierung zum bekämpfenswerten Schädling. Die Abwesenheit möglicher Erfahrung von Schuld legitimiert das Gewissen, diesen »Schädling« konfliktfrei zu beseitigen.[10]

Als weiteres Element des Antisemitismus erarbeiten Th. W. Adorno und M. Horkheimer den Haß aus Neid auf das vermeintliche gelungene Subjektsein, auf die vermeintliche Angstfreiheit und den vermeintlichen Reichtum der Juden. Neben der Projektion von neidbesetzten Eigenschaften und Objekten auf die Juden steht die Projektion uneingestandenen Selbsthasses. »Zugleich hört der »Industrieritter« aus dem jüdischen Jargon ... heraus, wofür er sich selbst verachtet; sein Antisemitismus ist Selbsthaß«[11]. Es wird deutlich: Das umgedrehte Gewissen fungiert als Schutz vor der Bewußtwerdung des Selbsthasses und von Defizitgefühlen.

Aber die Umdrehung des Gewissens gelingt nur bruchstückhaft. Die Erfahrung, daß man vom Tod des anderen nicht lebendiger und nicht reicher wird, daß man vielmehr einen weiteren Verlust erleidet, steigert den Haß. Denn das Opfer des Sündenbocks gelingt nicht. Daß das »Opfer« Teil der Selbstzerstörung ist, dies zeigt sich deutlich bis heute, an den Verlusten, die die deutsche Kultur durch die Vertreibung und Ermordung ihrer kulturellen und wissenschaftlichen Elite durch das NS-Regime erlitten hat. Ebenso deutlich an den Spuren psychischer Deformation in unserer Gesellschaft.

Daß dieser Vorgang sich zu wiederholen droht, zeigt der Vorausblick von Th. W. Adorno und M. Horkheimer auf die Gefahr, daß Denken zum bloßen Sektor der Arbeitsteilung wird. Damit würden die Subjekte und die Vernunft durch das System ausgeschaltet. Zu Beginn war von der »totalen Integration des Denkens in das ökonomisch-politische System« gesprochen worden[12]. Die Ausschaltung des Denkens und der Subjekte bringt unweigerlich einen Erfahrungsverlust mit sich. Was dann herrscht, ist nicht die Erfahrung, sondern der Mythos von der Wirklichkeit. Innovatorisches Denken und Handeln wird sofort in das Zwecksystem von Wirtschaft und

---

[8] Adorno, Th. W./Horkheimer, M., aaO. 164.

[9] AaO. 168.

[10] »Der aggressive Triebausbruch gegen freigegebene Objekte ist der Erfolg der Umdrehung des Gewissens«, stellen A. und M. Mitscherlich zum gleichen Zusammenhang fest. Mitscherlich, A. und M., Die Unfähigkeit zu trauern, München [9]1973, 30.

[11] Adorno, Th. W./Horkheimer, M., aaO. 157.

[12] Vgl. Kapitel 3 dieser Arbeit.

Politik aufgesogen und dort zur Stereotype umfunktioniert. So zur »Ticket-Mentalität«[13] erzogen, bekommt man nur noch Ersatzerfahrungen en bloc, verabreicht durch Parteiprogramme und Ideologien. Antisemitismus als ein Element in diesen fertiggestellten Sortimenten von Weltdeutungen und Wertungen wird dabei bewußtlos mitgewählt. Antisemitismus zeichnet sich gerade durch diese Bewußtlosigkeit aus.

Die Überwindung dieser Mechanismen kann nur in der Rückkehr zu konkreten Erfahrungen, zu innovatorischem Denken und Handeln sowie in der Rückkehr zu konkreter, erlebter Geschichte gelingen. Diese Rückkehr bedeutete Subjektwerdung, in der die Distanz zur authentischen Erfahrung des anderen nicht mehr ausgelöscht werden muß[14]. Es wäre die Durchbrechung der Gleichschaltung und Normierung von Wirklichkeitserfahrungen, die im »Ticketdenken« gegenwärtig noch wirksam ist.

Leiteten Th. W. Adorno und M. Horkheimer die Gefahr der Wiederholung aus der Phänomenologie der nationalsozialistischen Gesellschaft und ihren Funktionsmechanismen ab, so reflektiert Anton Pelinka unter dem Aspekt der Wiederholungsgefahr die psycho-sozialen und die geistigen Traditionen des Nationalsozialismus. Er kommt zu dem Ergebnis, daß sich der einzigartige, selbstzerstörerische Charakter des Nationalsozialismus aus mehreren Quellen speist: aus dem Rassismus, dem Antisemitismus, dem Nationalismus, der Konfliktscheu und der Rückgriffssehnsucht. A. und M. Mitscherlich erweitern diese Reihe um die psychologischen Motive der Gehorsamspflicht, die auf vorher geformte Ich-Ideale zurückgreift, und um die Abhängigkeit des Gewissens von der allgemeinen Wertschätzung[15]. Die Analysen A. Pelinkas sowie von Th. W. Adorno und M. Horkheimer stimmen darin überein, daß das Sündenbocksyndrom und die notorische Furcht vor der »Ungleichheit« in allen Bereichen als Ursache dieser Traditionen anzunehmen sind.

Im Blick auf die Furcht vor der Ungleichheit, vor Normenkonflikten und Konflikterfahrungen wertet A. Pelinka das politische Klima in den mitteleuropäischen Ländern so: »Die Scheu vor sozialen, politischen Konflikten läßt sich gerade in den Ländern Mitteleuropas weiter beobachten. Die theoretisch offene Gesellschaft, das theoretisch offene Parteiensystem wird praktisch von einer mystisch verstandenen Einheit, von einer Abwertung der Opposition schlechthin, von einem atmosphärischen Antipluralismus geprägt. Noch immer gibt es ein Defizit an Nein-Sager-Kultur, ein Überge-

---

13 Adorno, Th. W./Horkheimer, M., aaO. 184.

14 Vgl. Laing, D., aaO. 11ff.

15 Vgl. Mitscherlich, A. und M., aaO. 153.

wicht an Ja-Sager-Kultur und damit an Obrigkeitsstaat.«[16] Nach Pelinka ist der Nationalsozialismus ein historisch einmaliges, aber in anderer Form durchaus wiederholbares System.
Eine Theologie nach dem »Dritten Reich« muß diese Diagnose im Auge behalten. Sie kann selbst nicht ohne Analyse ihrer eigenen geschichtlichen und geistigen Traditionen und Widersprüche auskommen, wenn sie Wiederholungen von Auschwitz geistesgegenwärtig und gezielt entgegentreten will.

4. »DIE UNFÄHIGKEIT ZU TRAUERN«. PSYCHOANALYTISCHE ANSÄTZE ZU ERFAHRUNGEN IM NATIONALSOZIALISMUS ODER: BEDINGUNGEN, UNTER DENEN AUSCHWITZ EIN ENDE HABEN KANN

4.1 Elemente des Erinnerungsverlustes. Die Entwirklichung von Mördern und Opfern als Schutz vor Schulderkenntnis und Trauer

»Nach dem Wahn, mit sozialen Problemen im Stile der Endlösung fertig zu werden, ist nicht zu erwarten, daß die Rückkehr in den ›Alltag‹ mühelos gelingt«[1]. Daß diese Rückkehr doch anscheinend mühelos gelang, gibt zu denken – A. und M. Mitscherlich bemühten sich bekanntlich aufzuzeigen, wie sehr die psychologischen und sozialen Restbestände aus der Zeit des »Dritten Reiches« in unsere heutige Gesellschaft hineinwirken und wo ihre Ursachen zu suchen sind.
Die heutige Gesellschaft stellt sich ihnen so dar: Sie ist geprägt von einem auffallenden Mangel an sozialer Gestaltungskraft und von psychosozialer Immobilität. Ihrer Hypothese entsprechend sehen sie zwischen dem Erscheinungsbild der heutigen Gesellschaft und der nationalsozialistischen Vergangenheit einen vielfältigen Motivationszusammenhang[2]. Es geht ihnen darum, die Grundlagen kollektiven Verhaltens im Bezug auf die gemeinsam erlebte Geschichte zu erarbeiten. Bei ihren Analysen stoßen sie auf ein Phänomen, das uns auch schon in den Beschreibungen des ersten

---

[16] Pelinka, A., Die Wurzeln des Nationalsozialismus in Vergangenheit und Gegenwart, in: Frankfurter Hefte, Jg. 58, August 1983, Heft 8, 36.
[1] Mitscherlich, A. u. M., aaO. 22.
[2] Vgl. aaO. 22ff.

und zweiten Kapitels begegnet ist: Erinnerungen an die Erlebnisse in der Zeit des NS-Regimes kommen nicht zur Sprache, in der Begegnung mit jüdischen Betroffenen rufen sie Befangenheit hervor, eigentlich möchte man mit dieser Geschichte nichts zu tun haben. Der Beobachtung nachgehend, daß die befragten Klienten große Energien aufbrachten, um bestimmte Erlebnisse in ihrer Vergangenheit zu leugnen, stießen A. und M. Mitscherlich auf ein zweifaches Trauerverbot: das Verbot der Trauer um das verlorene Objekt ihrer libidinösen Besetzungsvorgänge: den Führer. Und dann das Verbot der Trauer um die Opfer des NS-Regimes: Es muß verdrängt werden, daß es sie überhaupt gab. Damit die Verdrängung von Schuld gegenüber den Opfern gelingt, müssen raffinierte Wege beschritten werden, um ihren Tod zu legitimieren und ihren Tod nicht als Verlust empfinden zu müssen.

»Wir sind damit vertraut, daß, wo Machtmittel sehr ungleichmäßig verteilt sind, der Besiegte in den Augen des Siegers die Qualität als Mensch verliert oder eine Minorität, nachdem alles Schlechte und Gefährliche auf sie projiziert wurde, verfolgt werden darf ... Die Juden wurden als Ungeziefer wahrgenommen. Ungeziefervernichtung darf konfliktfrei geschehen.«[3]

Die in diesem Mechanismus implizierte Verdrehung des Gewissens war im Hitlerreich das eigentlich legitimierte Gewissen. Unter Berufung auf die unumschränkt anerkannte Tugend und Pflicht des Gehorsams und der korrekten Ausführung erteilter Befehle konnte man alle Schuldgefühle von sich fernhalten und auf den Befehlshaber abschieben. Die Delegation von Verantwortung und Schuld gelingt dann durch den Rückzug bisher starker libidinöser Besetzungen.

»Der Verlust eines derart hoch mit libidinöser Energie besetzten Objektes (wie es Hitler repräsentierte), an dem man noch nicht zweifelte, nicht zu zweifeln wagte, als die Heimat in Trümmer fiel, wäre in der Tat ein Anlaß zur Melancholie.«[4]

Melancholie definieren A. und M. Mitscherlich in Anlehnung an Freud als Erlebnis einer »außerordentlichen Herabsetzung des Ich-Gefühls, eine großartige Ich-Verarmung«[5].

Die Bundesrepublik ist nicht in Melancholie verfallen. Statt dessen hat sie »alle affektiven Brücken hinter sich abgebrochen«, um sich der schmerzhaften Erinnerung des Erlebnisses zu entziehen[6]. Damit standen nun Wege

---

[3] AaO. 29.
[4] AaO. 37.
[5] Ebd.
[6] AaO. 36.

frei, unbelastet von der Vergangenheit den Wiederaufbau Deutschlands in Angriff zu nehmen.
Gefühlsstarre ist das Ergebnis dieser Verdrängungsleistung. Gefühlsstarre ist die charakteristische Haltung angesichts »der Leichenberge in KZs, [dem] Verschwinden deutscher Heere in Gefangenschaft, [der] Nachricht über den millionenfachen Mord an Juden, Polen, Russen, ... den politischen Gegnern aus der eigenen Reihe«[7].
Dem Phänomen der Gefühlsstarre liegt der psychologische Vorgang der »Derealisierung« zugrunde[8]. Durch sie gerät die vergangene Wirklichkeit, die eben noch betroffen machte, in den Bereich des Unwirklichen, Traumhaften. An die Stelle der Trauerarbeit treten das »manische Ungeschehenmachen und die gewaltigen kollektiven Anstrengungen des Wiederaufbaus«[9].
Was in der Derealisierung von Wirklichkeit geschieht, ist vor allen Dingen die Verdrängung der eigenen Aggressionspotentiale und der eigenen Verantwortung für den Umgang mit ihnen. Vielmehr empfindet sich der Betreffende immer nur selbst als Opfer und nimmt den anderen als Subjekt, als Leidenden garnicht wahr. Auch das Opfer erfährt eine Derealisation.
Trauerarbeit dagegen verändert sowohl die Wahrnehmung von Wirklichkeit als auch den Wahrnehmenden selbst. Durch die Trauerarbeit geschieht die Wiedergewinnung von Erinnerung. Sie macht den Betroffenen fähig, die veränderte Realität zu ertragen, und trägt zu seiner Reifung bei[10], indem sie die Trennung vom libidinös besetzten Ich-Ideal vollzieht und damit auch von einer nur äußeren Normentreue löst. Erst diese Trennung und die Fähigkeit, die eigene Geschichte erinnern und verarbeiten zu können, sind die Voraussetzung für ein wirkliches moralisches Gewissen und für eine unverzerrte Selbstwahrnehmung. Die Wiedergewinnung der Erinnerung und die Aneignung von Geschichte sind damit konstitutiv für die Fähigkeit von Schulderkenntnis und Annahme von Schuld, die die unverzerrte Wahrnehmung des anderen als Subjekt möglich machen.
Trauerarbeit als Wiedergewinnung von Realität befähigt zur Wiederherstellung echter Kommunikationssituationen und von Sprache.

---

[7] AaO. 40.
[8] Ebd.
[9] AaO. 46. Hier möchte ich auf die Übereinstimmung zwischen den Analyseergebnissen von A. und M. Mitscherlich und Lea Fleischmann aufmerksam machen: L. Fleischmann scheiterte vor allem am Effektivitäts- und Leistungsdenken in der Schule. Die Parallele, die sie zu den gefühllosen Verhandlungen über Judenvergasungen im »Dritten Reich« aufstellte, wird hier bestätigt.
[10] Vgl. aaO. 80.

4.2 Zum Zusammenhang von Erinnerungsverlust, Sprachzerstörung und Wiederholungszwang

Alfred Lorenzer arbeitet über den Zusammenhang von Sprache und Erinnerung. Zur Schwierigkeit, die verdrängten Inhalte des Bewußtseins in Sprache zurückzuführen, schreibt er: »Auf der Suche nach dem Sinn (unbewußter Gehalte) läßt sich der exkommunizierte Sinn eben nicht finden. Einerseits, weil er exkommuniziert ist, und andererseits, weil kein Weg zu ihm zu führen scheint als über kommunizierte Symbole.«[11]
Wichtig für unseren Zusammenhang ist der Sachverhalt unbewußter Inhalte. Sie haben bei Mitscherlich ihr Äquivalent in den Erlebnissen der verdrängten Vergangenheit.
Nach Lorenzer werden diese unbewußten Inhalte als »desymbolisierte Gebilde« oder anders als »Klischees« bezeichnet. Symbolisierung geschieht in Sprache; Symbole werden kommunikativ geteilt, d. h., sie existieren nie als Symbol des Einzelnen, sondern sind Sprachregelungen, mit denen bestimmte Erlebnisinhalte, Gefühlsinhalte und kognitive Inhalte verbunden werden. Durch Symbole werden diese Inhalte repräsentiert und können mit ihren Sinn- und Gefühlskonnotationen vergegenwärtigt werden. Repräsentanzen sind die Produkte des Symbolbildungsprozesses. Auch Repräsentanzen sind also immer kollektiv. Die Erkenntnis der Kollektivität von Symbolbildungsprozessen und Symbolen ist die Voraussetzung dafür, daß eine Übertragung individueller psychischer Entwicklungsprozesse auf gesamtgesellschaftliche Verhaltensformen möglich ist.
Lorenzer gelingt hier die Verbindung von Psychoanalyse und kritischer Gesellschafts- bzw. Sozialwissenschaft. Insofern ist der Ansatz wichtig für die Beantwortung der Frage, wie es sich mit der Wiederholbarkeit von Auschwitz verhält und welche Möglichkeiten der Verhinderung dieser Gefahr es gibt.
Von dieser Frage aus werden besonders Lorenzers Untersuchungen zu den verschiedenen Formen verdrängter Erinnerungen interessant.
Hier möchte ich vor allem auf die Form des Klischees eingehen. Klischees sind unbewußte Repräsentanzen. »Sie stammen von symbolischen Repräsentanzen ab, die im Sozialisationsprozeß gebildet – und im Vorgang der Verdrängung ›exkommuniziert‹, d. h. aus der Kommunikation in Sprache und Handeln ausgeschlossen werden«[12]. Die Klischees verlieren als verdrängte symbolische Repräsentanzen jedoch ihre Wirkungskraft für gegen-

[11] Lorenzer, A., Sprachzerstörung und Rekonstruktion, Frankfurt [2]1976, 197.
[12] AaO. 113.

wärtiges Handeln nicht. »Sie sind nach wie vor Ziel von Besetzungsvorgängen.«[13]

Klischees sind der Grund für Wiederholungszwänge. Die Wiederkehr des Verdrängten zwingt den Patienten, in immer gleicher Weise zu reagieren. Das bedeutet den »Zwang zur unablässigen Produktion der neurotischen Beziehung realiter«[14]. Eine reale Ich-Du-Begegnung kommt deshalb nicht zustande, weil die Wirklichkeit der Begegnung nur durch das Klischee aufgenommen werden kann. Der Andere wird durch die Reaktion gar nicht wirklich erreicht und getroffen. Er unterliegt den Projektionen seines Partners. Zwanghaft wird immer wieder die gleiche Beziehungskonstellation vom Patienten hergestellt, »inszeniert«.

Ziel der psychoanalytischen Suche nach den Originalvorfällen, die meistens eine unbewältigte Leidenssituation darstellen und zur Bildung des Klischees führten, ist »die Rekonstruktion der vollen Beziehungsmöglichkeit, die Wiederherstellung des vollen Bedeutungsgehaltes«[15]. Da die sprachlich exkommunizierten Interaktionen bzw. die verdrängten Inhalte zwar nicht sprachlich, aber mittelbar durch die geschilderten Handlungs- und Personenkonstellationen, d. h. durch Szenen zugänglich sind, kann es durch szenisches Verstehen gelingen, »schrittweise das verstümmelte Sprachspiel wiederherzustellen«[16].

So ist die Erfassung der Lebenspraxis mittelbar durch die mitgeteilten Szenen möglich. In der psychoanalytischen Arbeit werden also Erinnerungen wieder aufgedeckt und durch die Verarbeitung des erinnerten Originalvorfalls mögliche Alternativen zum Handeln und zum Erleben im Vorfall eröffnet, die bislang den Wiederholungszwang hervorriefen: Die zwanghafte Wiederholung eines ganz bestimmten Gefühls- und Handlungsablaufs, die durch ein Signal, ein Stichwort, eine Geste in der gegenwärtig konkreten Situation hervorgerufen wurde. Dabei braucht jenes Signal, Stichwort oder jene Geste gar nicht die klischeehaft projizierten Inhalte gemeint oder beinhaltet zu haben.

Die daraus ableitbare Einsicht, daß unbewältigte Vergangenheit zu Wiederholungszwängen führen kann, läßt die Befürchtung, daß Auschwitz wiederholbar sei, von psychoanalytischer Seite noch plausibler erscheinen und mit noch mehr Realitätsgehalt versehen sein.

An Lorenzers Untersuchungen ist wesentlich für uns, daß er den Zusam-

---

[13] AaO. 199.
[14] Ebd.
[15] AaO. 200.
[16] AaO. 203.

menhang von Sprache, bzw. kollektiv geteilter Symbolwelt und der Klischeebildung bzw. Sprachzerstörung und Verdrängung im einzelnen herausgearbeitet hat. Der Zusammenhang von gesellschaftlichem Bewußtseinsstand und individuellen Neurosen wird wichtig für die Frage, wie wir auch in Kirche und Theologie mit Geschichte umgehen.

Lorenzer arbeitet das Zustandekommen und die mögliche Rekonstruktion der kleinkindlichen traumatischen Erlebnisse auf. Szenisches Verstehen ist Verstehen durch das Medium erzählter Lebensgeschichten und Biographien. Die verdrängten Geschichten sind zugänglich auch über Literatur, Film, Kultur, insofern sie die intersubjektiven Beziehungsstrukturen enthalten und an ihnen abgelesen werden kann, welche Beziehungsmuster kultureller, bewußter und unbewußter Art die Personenkonstellationen verknüpfen.

Ansätze in der Geschichtswissenschaft, die die Erkenntnisse von Lorenzer miteinbeziehen, ohne jedoch ausdrücklich auf ihn zu verweisen, sind in der modernen Biographieforschung und in den Untersuchungen zur Alltagsgeschichte zu finden[17]. Diese Ansätze setzen voraus, daß Geschichte durch Geschichtenerzählen persönlich und kollektiv wieder angeeignet werden kann[18].

5. »HASCHOAH«: FUNDAMENTALTHEOLOGISCHE ANTWORTEN AUF DIE ERFAHRUNGEN VON AUSCHWITZ ODER: WARUM AUSCHWITZ EINE WENDE HERBEIFÜHREN MUSS

5.1 Rückblick. Theologische Forderungen angesichts von Erinnerungs- und Erfahrungsverlust

Für eine christliche Theologie hatten sich in einer ersten Zwischenreflexion folgende Forderungen ergeben:

Christliche Theologie muß sich gegenüber den jüdischen Gesprächspartnern grundsätzlich als dialogfähig erweisen können. Die Erfahrungswirk-

---

[17] Einen guten Überblick über die Ansätze der Biographieforschung, ausgehend von der amerikanischen Forschung zur »Oral History« gibt der Sammelband von Niethhammer, L., Lebenserfahrung und kollektives Gedächtnis. Die Praxis der »Oral History«, Frankfurt 1980.

[18] Es sprengt den Rahmen meiner Überlegungen, auch diese Ansätze in der Geschichtswissenschaft aufzuarbeiten. Sie mögen vielmehr als Hinweis auf die konstruktive Verarbeitung der hier vorgestellten Analyseansätze genügen.

lichkeit von Auschwitz und ihre reale Erfahrung mit den Dialogpartnern sowie deren Erfahrungen muß sie ernsthaft mitreflektieren, um nicht noch einmal identitäts- und sprachzerstörend zu wirken.
Sich selbst gegenüber darf christliche Theologie die kritische Reflexion der Funktionen, die sie in der Geschichte und der Gesellschaft der Bundesrepublik übernahm sowie die Überprüfung der theologischen Leitsätze, denen sie im Verhältnis zu den Juden und zum Judentum folgte, nicht scheuen (vgl. 1.2). Christliche Theologie im jüdisch-christlichen Dialog ist noch einmal besonders aufgerufen, die Gegenwart und Vergangenheit in Deutschland auf die Frage hin zu beleuchten, wie christliche Identitätsbildung im Bewußtsein vergangener und gegenwärtiger Unrechtserfahrungen möglich ist. Dazu bedarf es im Anschluß an Lorenzer der Untersuchung von Sprache und der darin von Theologie und Kirche zur Verfügung gestellten Symbole. Inwiefern enthalten diese nicht Klischees, die zur Reproduktion von Vorurteilen und Unterdrückungsmechanismen gegenüber den Juden führen und geführt haben? Gleichzeitig – und hierin gehe ich über das bisher Gesagte hinaus – sind bei der Besinnung auf die eigenen Traditionen innerhalb der christlichen Kirchen auch jene Befreiungs- und Erlösungsgeschichten zu entdecken, die die Rekonstruktion von identitätsstiftendem Reden von Gott und Handeln vor Gott möglich sein lassen.
Eine neue, Perspektiven eröffnende und richtungweisende Dimension im Umgang mit den Erfahrungen der »Schoah« ergibt sich aus den Reflexionen der jüdischen Betroffenen:
Y. Amir, E. Brocke, G. B. Ginzel, K.-H. Schneider, aber auch Th. W. Adorno und M. Horkheimer bewerten »Haschoah« nicht als einmalige, isolierte Leidenserfahrung. Sie fügen sie in den Kontext gesellschaftlicher und individueller Beziehungsstrukturen. Den dialektischen Zusammenhang von individueller Leidbewältigung und öffentlichen Bewußtseinsprozessen erweitern sie, indem sie ihn in den Horizont weltwirtschaftlicher und weltpolitischer Entscheidungsprozesse stellen.
Im Anschluß an die Warnung G. B. Ginzels, daß die »judeozentrische Betrachtungsweise« von Auschwitz theologisch »in die Irre« führen muß[1], weil mehr als eine Million Nichtjuden in Auschwitz gestorben sind und damit das jüdisch-theologische Bestrafungsschema in Aporien gerät[2], muß festgehalten werden, daß die jüdischen Opfer der »Schoah« nicht gegen andere Opfer der Geschichte und der Gesellschaft ausgespielt werden können, so z. B. gegen Kommunisten, gegen Prostituierte, »Zigeuner« und

---

[1] Ginzel, G. B., aaO. 266.
[2] Vgl. Kapitel 1.4 dieser Arbeit.

Andersdenkende ... Die Namen der Betroffenen lassen sich unendlich erweitern.
Der Imperativ, daß die Mechanismen durchbrochen werden müssen, die zu Auschwitz führten, verliert an Glaubwürdigkeit, wenn er nur für das jüdisch-christliche Verhältnis gelten soll. Ich schließe mich den jüdischen Dialogteilnehmern an, die den Kampf gegen Auschwitz im Kontext allgemeiner Weltverantwortung sehen und die Auschwitz überall dort wiedererkennen, wo menschliche Unterdrückung stattfindet.
»Auschwitz bleibt eine Herausforderung« konstatiert G. B. Ginzel[3]; für das Verstehen wie für das Handeln. Zum Maßstab solcher theoretischer wie praktischer Bemühungen wird die Forderung Adornos, daß »Auschwitz nie wieder« sei[4]. Eine verändernde und veränderte Praxis des Verstehens und Handelns ist der Primat, auf den Adornos Forderung abzielt. Dabei geht es um die Durchbrechung des Kreislaufs von Unheil, dem »Verfolger und Opfer« angehören, solange sie nur »blind schlagende und blind abwehrende« bleiben[5]. Die kritische Erkenntnis des Verblendungszusammenhanges und seine Durchbrechung hin auf ein alternative Praxis zur Gegenwart sind die nicht voneinander lösbaren Seiten des dialektischen Theorie-Praxis-Verhältnisses in einer solchen Analyse. Sie muß deutsche Geschichte so aufarbeiten, daß diese von den Subjekten unserer heutigen Gesellschaft als eigene, mittelbare und unmittelbare Schuldgeschichte angenommen werden kann und nicht länger verdrängt werden muß.

5.2 Fundamentale Theologie im Angesicht von Auschwitz. Der Ansatz einer politischen Theologie des Subjekts

Auschwitz, zum Symbol geworden »für das Grauen des millionenfachen Mordes am jüdischen Volk«[6], ist nach J. B. Metz der Wendepunkt christlicher Theologie und Praxis. Nach Auschwitz kann keine Theologie mehr so betrieben werden wie vorher. Sie darf diese geschichtliche Wirklichkeit nicht übergehen. Mit den jüdischen Dialogpartnern, mit Th. W. Adorno und M. Horkheimer, stimmt Metz darin überein, daß Auschwitz die Katastrophe des »aufgeklärten Bürgertums« ist.
Ich nehme die theologische Fragestellung von Metz zur Grundlage meiner Reflexion, weil er die strukturelle Frage nach der Umgehensweise mit

[3] Ginzel, G. B., aaO. 48.
[4] Adorno, Th. W., Erziehung nach Auschwitz, in: ders., Stichworte, Frankfurt 1969, 85.
[5] Adorno, Th. W./Horkheimer, M., aaO. 135.
[6] Metz, J. B., Jenseits ... aaO. 29.

»Haschoah« als fundamentaltheologische aufgreift: Wie verantworten wir unsere Hoffnung im Angesicht von Auschwitz? Die Hoffnung, so hält er fest, ist »die solidarische Hoffnung auf den Gott der Lebenden und der Toten, der alle Menschen ins Subjektsein vor seinem Angesichte ruft«[7].
Auschwitz stellt die radikale Herausforderung und Infragestellung des glaubenden und handelnden Subjektes und seiner Hoffnung dar, die Katastrophe des Bürgertums, deren Zustandekommen und deren nachwirkende Identitätskrise in den religiösen Subjekten heute J. B. Metz aus der Kritik des bürgerlichen Subjekts und seiner Religion ableitet[8].
Seine Krisenanalyse hat viele Parallelen zu der von Th. W. Adorno und M. Horkheimer. In seinem Engagement gegen das Trauer- und Melancholieverbot nimmt er auch das Anliegen von A. und M. Mitscherlich auf: Im »Zerfall der messianischen Religion zur rein bürgerlichen Religion, liegt für mich eine der entscheidenden Wurzeln im gegenwärtigen Christentum für das christliche Versagen in der Judenfrage und schließlich auch dafür, daß wir Christen, aufs Ganze gesehen, unfähig bleiben, wirklich zu trauern, wirklich zu büßen, und daß unsere Kirchen auch nicht der großen gesellschaftlichen Schuldverdrängung in den Jahren nach dem letzten Krieg widerstanden haben«[9].
Das theologische Bemühen von Metz zielt darauf, in ein theologisch verantwortbares und auf ökumenische Praxis ausgerichtetes Verhältnis zu den jüdischen Dialogpartnern zu kommen.
Die Forderungen an eine Theologie nach Auschwitz, die in dem vorausgehenden Rückblick genannt wurden, sind inhaltlich in der politischen Theologie des Subjekts von Metz enthalten. Er entwickelt die Grundlagen einer fundamentalen Theologie in praktischer Absicht aus der konkreten Auseinandersetzung mit philosophischen und theologischen Traditionen der Gegenwart. Konkrete Geschichte, konkrete Subjekte und konkrete gesellschaftliche Verhältnisse sind der Ausgangspunkt seiner Theologie. Ihm zufolge kann kein geschlossenes System mehr behauptet werden angesichts von Auschwitz und den sich dauernd verändernden konkreten gesellschaftlichen und geschichtlichen Situationen, die fundamentaler Theologie immer wieder neue Antworten abverlangen. Praxis wird zur Unterbrechung des nur logischen oder geschichtsphilosophischen Gedankens.
Leitfaden dieser Theologie ist die kritische Frage: »Wer betreibt wo – also: mit wem? – und in wessen Interesse – also: für wen? – Theologie?«[10]

---

7 Ders., G. G. G. ... aaO. 3.
8 Vgl. ders., Jenseits ... aaO.
9 AaO. 41, vgl. zu diesem Zusammenhang auch 44, 49, ebenso ders., G. G. G. ... aaO. 25–42.
10 AaO. 55.

Der kritische Impuls dieser Leitfragen ist, daß sie die Frage nach den betroffenen Subjekten von Theologie, Gesellschaft und Geschichte offenhalten. Geschichtstheologisch gewendet heißt die Frage: Auf wessen Kosten werden Theologie und Geschichte betrieben?
Nur durch die Beantwortung dieser Frage kann Theologie als Wissenschaft und als intersubjektives Reden von Gott sich rechtfertigen. Und nur ausgehend von der Beantwortung dieser Frage wird die »solidarische Hoffnung auf den Gott der Lebenden und der Toten, der das Subjektsein aller ... will«, glaubwürdig, weil praktisch. Praktisch verfaßt ist das Wissen um den gekreuzigten und auferstandenen Christus insofern, als es in ihm wesentlich um die Praxis der Nachfolge geht. Die Hermeneutik der Christologie geht davon aus, daß »nur ihm nachfolgend Christen wissen, auf was sie sich eingelassen haben und wer sie rettet«[11].
Verstehen wird als Praxis aufgefaßt, wobei sich der Horizont des Verstehenden selbst verändert, insofern beim Erzählen christologischer Nachfolgegeschichten neue Alternativen für gegenwärtiges Handeln auftauchen. Dieser Vorgang des Verstehens und des sich Erinnerns an gelungenes Subjektsein erweist sich als gefährlich für gegenwärtige erstarrte Handlungs- und Sinnstrukturen, weil sie zeigen, daß das gegenwärtig Vorzufindende nicht alternativlos ist. Christologie soll also nicht in Begriffen, sondern in Geschichten, als Erzählpraxis, weitergegeben werden.
Erinnerung und Erzählung erweisen sich in diesem Zusammenhang als Kategorien der Rettung von bedrohter Identität. Der von Metz hier aufgedeckte Zusammenhang von Erinnerung und Erzählung als Medium der Wiedergewinnung von Identität und Sprache bzw. Intersubjektivität für die Theologie erweist sich als wichtig für unsere bisher behandelte Frage, wie christliche und jüdische Identität angesichts der sprachzerstörenden und identitätsgefährdenden Erfahrungen von »Haschoah« gerettet werden kann. Die theoretische und praktische Anstrengung um die Wiedergewinnung von Erinnerung und damit von Subjektsein-Können in konkreten geschichtlichen, gesellschaftlichen und intersubjektiven Verhältnissen ist der Psychoanalyse von Lorenzer und Mitscherlich mit der Theologie von Metz gemeinsam.
Der Anspruch auf Befreiung aller Menschen zum Subjektsein in Gottes Angesicht ist nach Metz der Theologie immanent. Die theologischen Kategorien von Erinnerung und Erzählung setzen einen Gott voraus, der das Subjektsein aller will. Der Gottesgedanke ist eine Option, eine für die Zukunft offen gehaltene Möglichkeit der Subjektwerdung aller. Gegen die

[11] AaO. 48.

faktische Erfahrung von Leid, Ungerechtigkeit und Sinnlosigkeit behauptet politische Theologie die universale und anamnetische Solidarität aller Menschen.

Politische Theologie des Subjekts kämpft demnach dafür, daß Menschen ihre Geschichte nicht mehr verdrängen müssen und die Toten nicht vergessen, daß sie ihre Leiden wahrnehmen können und dagegen aufstehen, daß sie sich nicht der Illusion hingeben, bereits ganz Erlöste zu sein, und daß sie das Prinzip von lebendigem Sein und lebendiger Kritik in universaler Solidarität leben können. Insofern steht Theologie im geschichtlichen Kampf um den Menschen.

In dem bisher Gesagten wurde ein neuer Begriff von Geschichte immer schon vorausgesetzt. Entsprechend dem Postulat, daß Theologie nie zum praxislosen geschlossenen System erstarren darf, ist auch Metz' Konzept von Geschichte offen. Beeinflußt von W. Benjamin und Th. W. Adorno, grenzt er sich vor allem von denjenigen Geschichtstheologien ab, die Geschichte als Ganzes, als Abgeschlossenes in den Blick nehmen wollen und schon vor dem erfahrenen Ende von Geschichte und Welt deren Sinn meinen bestimmen zu können. Metz nimmt die Perspektive der von ihren Lebensgeschichten betroffenen und mit den Geschichten ihrer Vorfahren beladenen Subjekte ein. Er will Geschichte wachhalten und für die Nachfolgepraxis handlungsbestimmend machen, indem er sie als gefährliche (da verändernde) Erinnerung an Leid (an Christi Leid *und* Auferstehung, an anderer, auch der Toten Leid) versteht. In diesem Sinne wendet er sich gegen eine Geschichte der Sieger und spricht sich für ein Erinnern (und Erzählen) von Erfahrungen aus, die kraft der solidarischen Haltung durch die Geschichte hindurch handlungsbestimmend und damit zukunftseröffnend sind. Die Erinnerung an die Leiden und Hoffnungen der Toten wird dem Sieger (was sich geschichtlich jeweils durchgesetzt hat) deshalb gefährlich, weil sie fragt, auf wessen Kosten er sich durchgesetzt hat. Geschichte besteht im wesentlichen aus der Leidensgeschichte Vieler, die auf Erlösung warten und die diese Erlösung nicht selbst bewirken können. Als Korrelat einer kontrafaktischen Erlösungsgeschichte existiert die reale Schuldgeschichte. Das Reden von der Schuldgeschichte meint, daß »das Elend nicht nur in den Verhältnissen liegt, sondern in uns selbst«. Das bedeutet, als Schuldfähige werden die Menschen mit ihrer Fähigkeit zur Verantwortung auch von der politischen Theologie als Subjekte anerkannt.

5.3 Christliche Identitätsfindung als dialogischer Prozess

Auf dem Hintergrund einiger sehr grob zusammengefaßter Leitlinien der Theologie von Metz wird deutlich, daß die theologische Rechtfertigung der Christen vor den Juden von der intersubjektiven Rechtfertigung nicht loslösbar ist[12].

Die Frage nach der Identität von Christen heute ist eine, die von der konkreten geschichtlichen Situation, d. h. vom Verhältnis zu den Unterdrückten und Sprachlosen nicht abgekoppelt werden kann. Diese Identität hat sich im Angesicht von Auschwitz zu behaupten. Die theologische Rechtfertigung schließt die Reflexion auf die eigenen Traditionen ein, und das Christentum stößt dabei auf seine jüdischen Wurzeln, auf einen gemeinsam geglaubten Gott. Insofern dieser jüdisch-christliche Gott der Gott der Lebenden und der Toten ist, der das Subjektsein aller will, ist die Frage zu stellen, wie im christlich-jüdischen Verhältnis angesichts der »Schoah« Identitätsein und Theologie noch möglich sind. Dabei stellt sich die Frage noch dringlicher für die Christen als für die jüdischen Betroffenen.

In den Beiträgen zu einer Theologie nach Auschwitz benennt Metz die Bedingungen christlicher Identitätsfindung in Deutschland nach Auschwitz:[13] Theologen und Christen müssen angesichts von Geschichte und angesichts der Leiden anderer immer wieder »ich« sagen lernen. Elisabeth Schüssler-Fiorenza weist hinsichtlich »Haschoah« auf die Gefahr hin, daß »die Entmenschlichung und das Leiden des Holocaust ... eine Metapher für alle menschlichen Leiden werden«. Sie konstatiert, daß diese »in all ihren politischen Einzelheiten namhaft gemacht werden« müssen, damit die konkrete Geschichte unter dem Deckmantel der Metapher nicht wiederum derealisiert und verharmlost wird[14].

Dieser Gefahr kann begegnet werden, wenn die Aneignung der Geschichte der »Schoah« nicht ohne die Opfer geschieht. Deshalb sind wir zum Begreifen unserer eigenen Geschichte auf unsere Opfer angewiesen. »Christen können ihre Identität nur hinreichend verstehen und bilden im Angesichte der Juden«[15], stellt J. B. Metz fest.

---

[12] Zum Ineinander von theologischer und ökumenischer Problematik vgl. ders., Jenseits ... aaO. 36 und 36ff.

[13] Vgl. ders., Im Angesichte der Juden. Christliche Theologie nach Auschwitz, in: Concilium. Internationale Zeitschrift für Theologie, 20. Jg., Oktober 1984, Heft 5, 382–389. Im Folgenden beziehe ich mich auf diesen Artikel.

[14] Schüssler-Fiorenza, E./Tracy, D., Der Holocaust als Kontinuitätsbruch und die Rückkehr der Christen in die Geschichte, in: Concilium, aaO. 434.

[15] Metz, J. B., Im Angesichte der Juden ... aaO. 382.

Insofern das jüdisch-christliche Verhältnis bis in die Zeit vor der Entstehung der neutestamentlichen Schriften spannungs- und konfliktreich ist und insofern die christlichen Kirchen oftmals schuldig wurden am jüdischen Volk und der jüdischen Glaubenstradition, sowie angesichts der Tatsache, daß es immer noch Bestrebungen gibt, die jüdischen Wurzeln christlicher Theologie und Geschichte zu leugnen, »[können] Christen ihre Identität nur wahren vor und mit der Glaubensgeschichte der Juden«.[16] Christliche Theologie muß sich der ihr immanenten Antijudaismen entledigen und die »jüdische Dimension in der christlichen Glaubensweise neu zur Geltung bringen und die gewaltsame Sperre des jüdischen Erbes im Christentum überwinden«[17].

Die messianischen Traditionen des Judentums, die sich bis in die Auferstehungshoffnung und die Hoffnung auf die Wiederkunft Jesu Christi im Neuen Testament fortsetzen, sind ein solches Erbe, das zugunsten eines selbstgenügsamen Erlösungsglaubens zurückgedrängt wurde. Für eine vollständige Wiedergewinnung christlichen Geschichts- und Traditionsbewußtseins ist es wichtig, »die biblisch messianische Perspektive zurückzugewinnen«[18].

Die Frage der Anerkennung der Eigenständigkeit der messianischen Tradition des Judentums »ist wiederum nicht abstrakt zu erörtern, sondern im Eingedenken von Auschwitz«[19], sagt Metz.

B. Klappert formuliert inhaltlich die gleichen Forderungen für eine christliche Theologie nach Auschwitz:

»Christliche Theologie nach Auschwitz ist nämlich auf die Juden angewiesen:

1. in der geschichtlichen Erinnerung,
2. in der messianischen Hoffnung,
3. in der Erfahrung Gottes und im Reden von Gott,
4. in ihrem Werden und Sein als ökumenische Gemeinde und
5. in der besonderen Bestimmung ihres Auftrages.«[20]

Darüber hinaus ist die Frage nach der christlichen Identität eine Herausforderung an die praktisch-ökumenische Kompetenz im jüdisch-christlichen Dialog, zur konkreten Geschichte zurückzukehren. Und zwar zurückzukehren sowohl zur konkreten Geschichte von »Haschoah« wie zu gegenwärtig konkreten Unterdrückungsverhältnissen wie auch zum Staat Israel.

---

[16] AaO. 385.
[17] AaO. 387.
[18] AaO. 389.
[19] Ders., Jenseits ... aaO. 36.
[20] Klappert, B., aaO. 482.

Exkurs: Zwei kritische Anmerkungen

An dieser Stelle möchte ich zwei Anfragen oder Bedenken zum Sprachgebrauch von Metz anbringen. Dabei geht es um die Realität von »Haschoah« sowie um seine Forderung einer christlichen Haltung zum Staat Israel und dessen Politik.

Der erste Einwand bezieht sich auf das Verhältnis zum Staat Israel. »Wir müßten jedenfalls die letzten sein, die den Juden, nachdem sie in der jüngsten Geschichte unseres Landes an den Rand der Vernichtung gebracht wurden, nun ein übertriebenes Sicherungsbedürfnis vorwerfen«[21], sagt Metz. Diese Mahnung hebt, als an die öffentliche Meinung gerichtet, ein richtiges Anliegen hervor.

Aber gerade angesichts der neuesten Spannungen im Nahen Osten und der Verschärfung des Verhältnisses von Israel zu den Arabern und Palästinensern muß sich der jüdisch-christliche Dialog als konfliktfähig erweisen. Die Angst vor berechtigter Kritik an der herrschenden Politik Israels, die Umgehung dieses Themas verweist vielmehr wieder auf die Probleme im Dialog. Die Gesprächspartner werden gerade nicht differenziert als Subjekte behandelt, wenn sie der Kritik und des Konfliktes nicht würdig sind. Wenn das jüdische Volk undifferenziert in einen Glaskasten aus Verschonung gebannt wird, deutet das höchstens auf unsere Angst hin, uns auch auf es als politisch streitbares Subjekt einzulassen. Dabei geht es nicht um die Negierung des Existenzrechtes des Staates Israel.

Und zum zweiten Bedenken: Metz' Forderung ist, daß Theologie konkrete gesellschaftliche und geschichtliche Verhältnisse im Blick hat, daß Theologie diese Verhältnisse als Verblendungs- und Unterdrückungszusammenhänge entlarven muß, um solidarisch-praktisches Handeln im Angesichte des Gottes, der das Subjektsein aller will, gegen die bestehenden und Leid hervorbringenden Verhältnisse einzuklagen. D. h. aber, Geschichte muß in ihrer Faktizität und in den konkreten Zusammenhängen im Blick bleiben und angeeignet werden – was, wie bisher deutlich wurde, nicht heißt: gutgeheißen werden.

Dann spricht J. B. Metz von Auschwitz aber als »Symbol«, von der »Unbegreiflichkeit« des Schweigens der Menschen, von der »Apotheose des Bösen« in den »Henkern und Erfüllungsgehilfen« von Auschwitz[22]. An anderer Stelle bezieht er sich auf H. Arendt und spricht angesichts der Naivität der Ausführenden von der »Banalität des Bösen«.

---

[21] Metz, J. B., Jenseits ... aaO. 46f.

[22] AaO. 29, 31.

Diese poetischen Begriffe verleiten dazu, Metz mißzuverstehen. Sie scheinen die Faktizität der Konzentrationslager so zum moralischen und politisch-geistigen Schlechten zu stilisieren, daß sie eher dazu anleiten, das, was da passiert ist, nicht als einen Teil unserer eigenen vergangenen und gegenwärtigen Geschichte anzuerkennen und aufzuarbeiten. Ich kritisiere die psychologische Wirkung dieser Begriffe, die der Intuition von Metz sicherlich entgegengesetzt ist. Schließlich scheint die Praxis von Folter, Diktatur, Ideologisierung, Rassenhaß, Verfolgung und Krieg doch so begreiflich zu sein, daß sie sich überall auf der Erde wiederholen läßt. In welthistorischer Perspektive stellt das NS-Regime Hitlers durchaus kein Ende dar. Auch die Möglichkeit, daß Auschwitz sich wiederholen kann, muß theologisch im Auge behalten werden. Im Interesse, daß sich Auschwitz nicht wiederhole, gilt es gerade zu begreifen, was allen so unbegreiflich erscheint, daß sie es am liebsten nicht wahrhaben wollen. E. Schüssler-Fiorenza fordert hier »eine Rückkehr zur Geschichte durch die radikal negativen Wirklichkeiten hindurch« und nicht an ihnen vorbei, wozu die starke moralische Abqualifizierung des Gewesenen verleitet[23].
Um wieder zu Metz zurückzukehren: Es geht um die Erkenntnis, daß »das Elend nicht nur in den Verhältnissen liegt, sondern in uns selbst«[24]. Insofern kommt Theologie die Aufgabe zu, angesichts von Auschwitz immer wieder eine Wende einzufordern und diese geschichtliche Wirklichkeit zu einer Unterbrechung geschichts- und subjektloser Theologien werden zu lassen.
E. Brocke sagt dazu: »Die Einsicht, daß eine christliche Theologie dazu beigetragen hat, daß der Holocaust geschah, ist in sich schon eine Wende; es ist allerdings erst dann eine Wende von Bedeutung, wenn diese Erkenntnis nicht eine akademische bleibt, sondern wenn sie Taten folgen läßt.«[25] Einen ersten Schritt in diese Richtung sieht sie im Beschluß der Rheinischen Landessynode vom 11. 1. 1980 in Bad Neuenahr.
Die Kirchen, insoweit sie der geschichtlich und gesellschaftlich konkrete Ort von Glauben und Theologie sind, sind praktisch herausgefordert; durch sie könnte auf den Ebenen von Schule, Gemeinde und Katechese der jüdisch-christliche Dialog und sein Anliegen aus dem akademischen Ghetto in die Praxis gelangen.

---

[23] Schüssler-Fiorenza, E., aaO. 433.
[24] Metz, J. B., G. G. G. ... aaO. 111.
[25] Brocke, E., aaO. 109.

ZWEITER TEIL
KIRCHE UND THEOLOGIE IM JÜDISCH-CHRISTLICHEN DIALOG. VERSUCHE DER ANNÄHERUNG UND IHRE KRITIK

1. KIRCHLICHE ANTWORTEN AUF »HASCHOAH«. WARUM DIE STELLUNGNAHMEN UNBEFRIEDIGEND BLEIBEN

1.1 Zum Verhältnis der Kirche gegenüber ihrer Geschichte mit dem jüdischen Volk

Das versöhnende Handeln Gottes zielt auf die Welt, auf alle Menschen, sagt Peter von der Osten-Sacken.
»Wo das ›alle‹ allein zugunsten der Lebenden oder der Überlebenden aufgenommen wird, ist es bereits verzeichnet. ›Alle‹ sind nicht nur die Heutigen, sondern auch die Gestrigen und Zukünftigen. Unter den Gestrigen aber insbesondere die Opfer. Dort, wo ihrer nicht mehr gedacht und so auch nicht mehr den Wegen nachgespürt wird, auf denen sie Opfer wurden, stehen sie auf und werden zu Zeugen, daß bereits die ersten Schritte auf dem Weg der Versöhnung im Zeichen eines Scheinfriedens unternommen sind.«[1]
Theologie, die nach Bedingungen verantworteten Redens von Gott sucht, ist nach von der Osten-Sacken aufgefordert, nicht über die Opfer der Vergangenheit hinweg, sondern ihrer Schicksalsgeschichte nachspürend die Möglichkeit von der Verkündigung der »frohen Botschaft« zu erschließen. Nur, wenn man die psychologischen Mechanismen und politischen Strukturen versteht, welche die Juden zu Opfern machten, kann gegenwärtig Versöhnung zwischen Juden und Christen stattfinden. Ob es den christlichen Kirchen gelingt, ihren Verlautbarungen gemäß in ein theologisch verantwortbares und ökumenisch-praktisches Verhältnis zum jüdischen Volk zu kommen, soll der Maßstab der folgenden Reflexionen sein.
Zunächst möchte ich kurz auf die Beobachtungen von Frau Siegele-

[1] Von der Osten-Sacken, P., Grundzüge einer Theologie im christlich-jüdischen Gespräch, München 1982, 127.

Wenschkewitz zum Stand kirchengeschichtlicher Forschungen im Bereich von Kirche und Nationalsozialismus zu sprechen kommen. Denn sie scheinen mir das eigentliche Desinteresse und die Angst widerzuspiegeln, mit der Wirklichkeit damaliger kirchlicher und wissenschaftlich-theologischer Positionen zum jüdischen Volk sowie zu den eigenen Traditionen in Berührung zu kommen, die auf jüdische Wurzeln zurückgehen. Erst seit dem Ende der 60er Jahre gibt es in den christlichen Kirchen Bemühungen, die ihnen eigene Geschichte mit dem Nationalsozialismus und ihr Verhältnis zum Antisemitismus aufzuarbeiten.

Im Vordergrund standen zunächst Verteidigungsschriften, die den von kirchlicher Seite geleisteten Widerstand gegen die Vernichtung der Juden hervorhoben. Die ersten Dissertationen in der evangelischen Theologie, die kirchengeschichtlich forschten und auf die Kolaboration der Kirche mit dem Staat hinwiesen, wurden dagegen nicht veröffentlicht[2].

Auch in der jüngeren Zeit gibt es kaum kirchengeschichtliche Forschungen zum Zusammenhang von kirchlichem Antijudaismus und Antisemitismus. H. Greive, dessen Untersuchung den Antijudaismus als Fundament des Antisemitismus erweist, ist neben L. Siegele-Wenschkewitz einer der wenigen, auf die sich Forschungen zum Antijudaismus immer wieder beziehen können[3].

Diese Bemerkungen im Vorfeld der folgenden Reflexionen sollen einen ersten Eindruck vom allgemeinen Bewußtsein verschaffen, auf dessen Hintergrund die Verlautbarungen und Beschlüsse der christlichen Kirchen entstanden sind. Die Kluft zwischen dem allgemeinen öffentlichen Geschichtsbewußtsein und den ökumenischen Bemühungen einiger Weniger ist demnach noch lange nicht überwunden.

1.2 Evangelische und katholische Stellungnahmen. Ein Vergleich

In den »Thesen zur Erneuerung des Verhältnisses von Christen und Juden«, die von der rheinischen Landessynode durch Beschluß entgegengenommen wurden, wird die »Schoah«, – das Papier spricht bezeichnenderweise vom »Holocaust« – als »eine Krise unserer Zivilisation, Kultur, Politik und Religion« bezeichnet[4].

---

[2] Vgl. Siegele-Wenschkewitz, L., aaO. 413–416.

[3] Vgl. Greive, H., Theologie und Ideologie, Katholizismus und Judentum in Deutschland und Österreich 1918–1935, Heidelberg 1969; verwiesen sei auch auf die Untersuchung von Oesterreicher, J., Die Wiederentdeckung des Judentums durch die Kirchen, Meitingen 1971.

[4] Klappert, B./Starck, H. (Hg.), Umkehr und Erneuerung. Erläuterungen zum Synodalbeschluß der Rheinischen Landessynode 1980, Neukirchen–Vluyn 1980, 267.

Die Kritik an der Verwendung des Begriffs »Holocaust« von G. B. Ginzel ist im ersten Kapitel schon begründet und dargestellt worden. »Haschoah« wird hier als Anfrage an das ganze gesellschaftliche System ernstgenommen. Dabei kritisiert der Ausschuß »Christen und Juden« die Funktionen, die Wissenschaft, Kulturpolitik, Religion und Politik übernommen haben, die den Genozid möglich gemacht haben. Unter dem Thema Religion bezieht er eindeutig Stellung gegen die Meinung, das christliche Glaubensbekenntnis könne unberührt von »Haschoah« weitergebetet werden[5].
Die Frage der Theodizee, der Gottverlassenheit und des Treuebruchs behandelt der Ausschuß als theologische Kernfragen. Dabei trägt er der jüdischen Betroffenheit und der Weigerung Rechnung, einen vorschnellen Trost zu akzeptieren.
»Angesichts des Holocaust verliert jede generelle Antwort Grund und Überzeugungskraft, sobald sie der unverstellten Wirklichkeit ausgesetzt ist«[6].
Dennoch liegt in den hier genannten theologischen Kernthemen eine Verschiebung des Problems in die christliche Betrachtungsweise vor. G. B. Ginzel weist darauf hin, daß die Theodizeefrage und die Frage, wo Gott in Auschwitz war, »zutiefst unjüdisch ist«[7].
Stumme tätige Buße sei die »vorläufige, aber theologisch notwendige Antwort auf« Auschwitz, formuliert die Synode.
Sie sieht in Buß- und Bittgebeten als Ausdruck der eingestandenen Ratlosigkeit und Betroffenheit einen möglichen »Schritt heraus aus der Bedrohung von Auschwitz«[8]. Die Vielfalt vorläufiger Antworten auf Auschwitz, die durch den Beschluß der Synode offen- und bereitgehalten wird, verdankt sich notwendiger- und erfreulicherweise der Mithilfe der jüdischen Gesprächspartner. Die These von J. B. Metz, »daß Christen ihre Identität nur bilden und hinreichend verstehen können im Angesichte der Juden«[9], findet in solcher Form der Zusammenarbeit ihre konkrete Bestätigung. »Daß die meisten Märtyrer für Christus in unserem Jahrhundert Juden waren«[10], stellt nach F. Littell die Tragik und die Dringlichkeit dieses christlichen Identitätsfindungsprozesses in der christlich-jüdischen Begegnung dar.

---

5 AaO. 268.
6 AaO. 272.
7 Ginzel, G. B., aaO. 256.
8 Ebd.
9 Metz, J. B., Im Angesichte der Juden ... aaO. 382.
10 Littell, F., zit. in: Lapide, P., Kirchenkampf und Völkermord, Deutsches Pfarrerblatt 1975, 793, wiederholt in: Klappert, B./Starck, H. (Hg.), aaO. 273.

Die Rheinische Landessynode gesteht ein, daß die christliche Theologie dazu beigetragen hat, daß Auschwitz möglich war und nicht verhindert wurde. Dieses Bekenntnis zum politischen Versagen stellt für sie zugleich eine Anfrage an das theologische und kirchliche Verhältnis zum jüdischen Volk dar. Der evangelischen Kirche wird dabei die Verantwortung für die komplexen Beziehungen zwischen Kirche, Gesellschaft und Staat angetragen. In der Gegenwart fordern ihrer Ansicht nach vor allem Prozesse in der Zivilisation, in der Kultur, der Politik und in der Religion die politische Aufmerksamkeit und das konkrete solidarische Handeln der Kirchen heraus[11].

Die vatikanischen Richtlinien und Hinweise für die Durchführung ›Nostra aetate, Art. 4‹ von 1975[12] nehmen sich im Gegensatz zu den Konkretionen des Beschlusses der Rheinischen Landessynode noch vergleichsweise unkonkret und pauschal aus:

»Die Richtlinien schlagen vier Wege vor, auf denen die Begegnung mit dem gläubigen Juden versucht werden soll: den Dialog auf theologischer Ebene, die Bemühung um vertieftes Verständnis der gemeinsamen Glaubensbasis in Liturgie und Predigt, den Abbau eingewurzelter Vorurteile in der Erziehung und schließlich die gemeinsame Aktion im sozialen Bereich«[13].

Ich möchte nachschicken, daß sich dieses katholische Dokument als »religiöses Dokument« versteht[14]. Auch wenn man dies in Rechnung stellt, ist das, was hier mit »gemeinsamen sozialen Aktionen« gemeint sein kann, noch sehr vage gehalten.

Die Beziehung zwischen Kirche und Welt, zwischen Kirche und Gesellschaft wird von evangelischer und katholischer Seite sehr unterschiedlich verstanden. Nimmt die evangelische Kirche die Perspektive ein, daß die Kirche in gesellschaftliche und geschichtliche Prozesse verstrickt ist, so hielt sich die katholische Kirche aus der geschichtlichen Konkretion eher heraus. Unterschiede zeigen sich auch in den theologisch inhaltlichen Verhältnisbestimmungen zum Judentum.

Das Papier der Rheinischen Landessynode nennt die theologischen Berührungspunkte zwischen der jüdischen und der christlichen Tradition noch einmal ausdrücklich: Gemeinsam geglaubt wird an den einen Gott, den

---

[11] Vgl. ebd.

[12] Die deutsche Fassung des Dokuments findet sich wiederabgedruckt in: Freiburger Rundbrief. Beiträge zur christlich-jüdischen Begegnung, Jg. XXVI (1974), Nr. 97/100, 3–5.

[13] Ansprache des Kardinals Franz König in Wien, vom 20. 11. 1978, abgedruckt in: Freiburger Rundbrief. Beiträge zur christlich-jüdischen Begegnung, Jg. XXX (1978), Nr. 113/116, 16–19. Hierin zitiert er das Dokument »Nostra aetate«.

[14] Ginzel, G. B., aaO. 306.

Gott der Offenbarung, an das Wort Gottes und die Wiederkehr bzw. an das Kommen des Messias. Dabei geht es um die Anerkennung der Eigenständigkeit und Gültigkeit der jüdischen Tradition. Im Interesse dieser Anerkennung hält das Synodenpapier gegen einen falschen Umgang mit der Offenbarung fest:

»Wenn in der Kirche von Gesetz und Evangelium gesprochen wird, darf das nicht so verstanden werden, als sei das Gesetz mit der Hebräischen Bibel und das Evangelium mit dem Neuen Testament identisch«[15].

Den unterschiedlichen Umgang mit der Schrift in der jüdischen und in der christlichen Tradition akzeptierend, hält das Synodenpapier am Vorschlag, gemeinsam die Bibel zu lesen, fest. Das ist ein konkreter Schritt auf das bessere Verständnis der theologischen Identität des anderen zu. Dabei geht es nicht um die Verwischung der tatsächlichen Unterschiede. So trennt der Glaube an den gekommenen bzw. noch nicht gekommenen Messias; aber im Verständnis des historischen Jesus gibt es mannigfache Überschneidungen und Berührungen.

Dem evangelischen Bekenntnis zum einen Gottesvolk steht katholischerseits die theologische Vorstellung gegenüber, »daß Christus ... Juden und Heiden durch das Kreuz versöhnt und beide in sich vereinigt hat«[16].

Juden und Heiden erscheinen hier auf der gleichen Stufe. Die Eigenständigkeit ihrer religiösen Traditionen scheint im Kreuzestod Jesu aufgelöst zu sein.

Trotz der Mahnung Johannes Paul II., dem Verkündigungsauftrag der katholischen Kirche nachzukommen, ohne die religiöse Würde und Selbständigkeit der jüdischen Partner zu beeinträchtigen[17], tragen die theologischen Formulierungen der katholischen Kirche eher den Charakter der Vereinnahmung anderer Traditionen durch den christlichen Glauben.

Das neueste Dokument der Vatikanischen Kommission für die Beziehungen zum Judentum von 1985[18] übernimmt weitgehend die differenzierten Positionen und Themen der Richtlinien zur Durchführung von 1975 zum Verhältnis von Hebräischer Schrift und Neuem Testament:

»daß der Übergang vom Alten Testament zum Neuen Testament nicht nur als Bruch dargestellt werden darf; daß Jesus und die Apostel Juden waren;

---

[15] Klappert, B./Starck, H. (Hg.), aaO. 275.

[16] Ginzel, G. B., aaO. 279.

[17] Vgl. aaO. 282.

[18] Juden und Christen. Vatikanische Kommision für die religiösen Beziehungen zum Judentum im Sekretariat für die Einheit der Christen, in: KNA, Dokumentation, ÖKI/Dok. Nr. 3, 3. Juli 1985.

daß Jesus die Tora nicht abgeschafft hat, sondern den Respekt vor dem Gesetz predigt; daß man weder allen damals lebenden Juden noch allen heutigen Juden den Tod Jesu anlasten darf; daß in der christlichen Liturgie viele Elemente aus dem Judentum stammen, daß die Geschichte Israels nicht mit dem Jahr 70 zu Ende ist.«[19]

Das eigentlich theologische Problem, daß Christen an der Universalität und Exklusivität des Heilsmittlers Jesus Christus festhalten und dennoch die Dauer und Gültigkeit des Alten Bundes anerkennen wollen, wird im Gegensatz zu den Richtlinien, die eine Lösung für die Zukunft offen hielten, hier definitiv gelöst. Judentum und Kirche können nun »nicht als zwei parallele Heilswege dargestellt werden«[20]. Hat sich die Kirche hier nicht vielleicht Möglichkeiten für eine zukünftige theologische Verständigung verstellt?

Auch die »typologische Interpretation«, die sie zur Auslegung des Verhältnisses von Altem und Neuem Testament empfiehlt, ruft in Kommentaren zu diesem Papier heftige Kritik hervor. Das wesentliche Merkmal der typologischen Interpretation liegt darin, das Alte Testament als »Vorbereitung und in gewisser Hinsicht als Skizze und Voranzeige des Neuen zu lesen.«[21] Es besteht hier ein Widerspruch zur propagierten Achtung der religiösen Eigenständigkeit und Würde jüdischer Traditionen. Als weiteres Indiz für diesen Widerspruch mag gewertet werden, daß die Frage der Judenmission immer noch einen zentralen Stellenwert in der theologischen Auseinandersetzung des Jüdisch-christlichen Dialogs einnimmt.[22]

Die Stellungnahme der Rheinischen Landessynode zur Frage der Judenmission dagegen zielt auf ein neues, solidarisches und gleichberechtigtes Verhältnis von Juden und Christen als dem einen Gottesvolk ab.[23]

1.3 Zum unbefriedigenden Schuldbekenntnis der Kirchen

Die katholische Kirche argumentiert fundamental, existential, aber nicht konkret. Ihr geschichtliches Verhältnis zu den Juden klärt sie nicht, und so kann sie ein ausdrückliches Schuldbekenntnis häufig umgehen. Sie wird sich der unheiligen Allianzen, die sie in der Geschichte eingegangen ist, oft nicht bewußt.

---

[19] Feneberg, R., Aus der Reliquie wird ein Fossil, in: Publik Forum, Nr. 15, 26. Juli 1985, 28.

[20] KNA, Dokumentation, aaO. 2.

[21] AaO. 3.

[22] Vgl. Judaica. Beiträge zum Verständnis des jüdischen Schicksals in Vergangenheit und Gegenwart, 38. Jg., März 1982, Heft 1 und Juni 1982, Heft 2.

[23] Vgl., Klappert, B./Starck, H. (Hg.), aaO. 281.

Eine ähnliche Umgehung des Schuldbekenntnisses war noch, wenn auch nicht so deutlich, im evangelischen »Stuttgarter Schuldbekenntnis« von 1945 zu finden. Da hieß es: »Mit großem Schmerz sagen wir: durch uns ist unendliches Leid über viele Länder und Völker gebracht worden.« Das jüdische Volk wird nicht erwähnt. Im folgenden wird die eingestandene Schuld jedoch sofort relativiert.

»Was wir unseren Gemeinden oft bezeugt haben, das sprechen wir jetzt im Namen der ganzen Kirche aus: Wohl haben wir lange Jahre hindurch im Namen Jesu Christi gegen den Geist gekämpft, der im nationalsozialistischen Gewaltregiment seinen furchtbaren Ausdruck gefunden hat; aber wir klagen uns an, daß wir nicht mutiger bekannt, nicht treuer gebetet, nicht fröhlicher geglaubt und nicht brennender geliebt haben.«[24]

P. von der Osten-Sacken kritisiert die Halbherzigkeit dieses Schuldbekenntnisses scharf. Es treffe schon auf die historischen Gegebenheiten nicht zu. Erstens, so sagt er, könne hier nicht von der »ganzen Kirche« gesprochen werden. Zweitens werde die Schuld nur darin gesehen, daß man nicht »mehr« getan habe. Des weiteren, so wendet er ein, »entbehre dieses Schuldbekenntnis jeder biblischen Orientierung«. Der Radikalität jüdischer Vorbilder in der Hebräischen Schrift wie z. B. Dan 9,4–7, könne dieses Schuldbekenntnis nicht standhalten[25].

Trotz des eindeutigen Bekennens von Schuld in der katholischen Kirche in der Erklärung der gemeinsamen Synode der Bistümer der Bundesrepublik Deutschland vom 22. 11. 1975 kritisiert P. von der Osten-Sacken auch hier, daß man versuche, die eigene Schuld zu relativieren. Im Synodenpapier »Unsere Hoffnung« heißt es, die kirchliche Gemeinschaft habe »zu sehr mit dem Rücken zum Schicksal dieses verfolgten jüdischen Volkes weitergelebt« und sei »zu sehr auf die Bedrohung der eigenen Institution fixiert gewesen«. Auch hat das Schuldbekenntnis durch spätere Veränderungen des ursprünglichen Wortlautes an Schärfe verloren. Dennoch findet man hier im Vergleich zu der neuesten Verlautbarung der Vatikanischen Kommission ein erfreulich klares Bekenntnis zur eigenen Schuldgeschichte. Die Synode hebt die Notwendigkeit hervor, angesichts der versäumten Solidarität Konsequenzen für die eigene Gegenwart zu ziehen und betont, daß »gerade unsere deutsche Kirche wach sein muß gegenüber allen Tendenzen, Menschenrechte abzubauen und politische Macht zu mißbrauchen«, und »daß sie allen, die heute, aus rassistischen oder anderen ideologischen

[24] Text nach Beckmann, J. (Hg.), Kirchliches Jahrbuch für die evangelische Kirche in Deutschland 1945–1950, 1950, 26f.

[25] Von der Osten-Sacken, P., aaO. 123; vgl. auch 123ff.

Gründen Motiven verfolgt werden, ihre besondere Hilfsbereitschaft« schenken muß; »vor allem aber, indem sie besondere Verpflichtungen für das so belastete Verhältnis der Gesamtkirche zum jüdischen Volk und seiner Religion übernimmt«[26].

Eine eindeutige Distanzierung von Schuld stellt P. von der Osten-Sacken in dem Argument der Bonner Theologieprofessoren von 1980 fest, durch das man die christliche Mitschuld strikt von den nationalsozialistischen Verbrechen trennen möchte[27].

Auf die mangelnde geschichtliche Konkretheit in den Aussagen der Kirchen über das Verhältnis zum jüdischen Volk weist Rabbiner E. L. Ehrlich hin. Er stellt enttäuscht fest, was in der Einleitung zu dieser Arbeit schon gesagt wurde: Der Dialog zwischen Christen und Juden gehört keinesfalls zum Alltag der Kirchen. »Man soll sich nicht darüber hinwegtäuschen, bei allen christlich-jüdischen Dialogen und dem gegenseitigen Austausch von oberflächlichen Freundlichkeiten: Von den an den Juden begangenen Verbrechen sind die Kirchen als Institutionen nur wenig angerührt; einzelne Menschen aus der Christenheit sind es gewiß; diese Menschen sind unsere Partner«[28].

Und B. Klappert fragt angesichts der vereinzelten Bekenntnisse der Kirchen nach den Konsequenzen, die immer noch ausstehen[29]. In diesem Sinne sagt Y. Amir, daß eine wirkliche Antwort auf Auschwitz nur getan werden kann[30].

So sehr etliche jüdische Theologen die Bemühungen der Kirchen um eine christlich-jüdische Ökumene würdigen, die Enttäuschung über die fehlende Konkretisierung der Ökumene im Bereich kirchlicher Praxis und Lehre bleibt.

1.4 Konsequenzen für kirchliche Lehre und Praxis im Angesichte der Juden und des Judentums

Im Rückblick auf die dargestellten kirchlichen Positionen und deren Kritik bleiben für die zukünftige Begegnung von Kirche und Judentum folgende Forderungen an die Kirchen, speziell an die katholische Kirche bestehen:

---

[26] Sekretär der gemeinsamen Synode der Bistümer in der Bundesrepublik Deutschland, Dr. J. Homeyer (Hg.), Unsere Hoffnung. Ein Bekenntnis zum Glauben in dieser Zeit. Heftreihe: Synodenbeschlüsse Nr. 18, 22.

[27] Bonner Theologieprofessoren, zit. nach von der Osten-Sacken, P., aaO.

[28] Ehrlich, E. L., Abschied von der Judenmission. Antwort auf Arnulf Baumann, in: Judaica, aaO. Heft 1, 15.

[29] Vgl. Klappert, B., aaO. 487.

[30] Amir, Y., aaO. 454.

1.4.1 Insofern die Kirche eine öffentlich organisierte Institution der katholisch-christlichen Gläubigen ist und sich der politischen wie der theologischen Verantwortung für den Schutz des jüdischen Volkes im Nationalsozialismus entzogen hatte und auch stellenweise mit der Diktatur zusammengearbeitet hatte, muß die Kirche ihre eigene Geschichte konkret und kritisch aufarbeiten. Angesichts ihrer eigenen Schuldgeschichte gegenüber dem jüdischen Volk muß die Kirche ihr Verhältnis zu den lebenden Juden heute klar formulieren und theologisch überdenken.
1.4.2 Da die kirchliche Lehre viele ihrer Dogmen in der Auseinandersetzung mit dem jüdischen Erbe in der Offenbarung und mit der Lehre des Judentums formuliert hat, muß sie dieses ihr Verhältnis zum Judentum als selbständige Lehre reflektieren. Ziel einer solchen Reflexion wäre eine neue christliche Theologie des Judentums.
1.4.3 Wenn die Kirche den Verkündigungs- und Missionsauftrag Jesu wahrnimmt, muß sie erklären, wie sie sich den Juden und der jüdischen Lehre gegenüber versteht. Es stellt sich die Frage, wie sie ihrem Auftrag gerecht werden kann, ohne die Eigenständigkeit und Gültigkeit der Existenz des Judentums einzuschränken.
1.4.4 Weil die Kirche sich als der Ort versteht, an welchem die unwiderrufliche Heilszusage Gottes durch seinen Sohn Jesus Christus konkrete Gestalt annimmt[31] und sie deshalb Teil des heilsgeschichtlichen Planes Gottes mit der Welt ist, muß sie sich fragen, wie ihre Christologie sich zum Judentum verhält. Sie hat die Verpflichtung zu überprüfen, ob ihre christologischen Aussagen antijudaistischen Argumenten Vorschub leisten können. Dabei geht es vor allem um die Frage, wie christlicherseits ein positives Verständnis für das jüdische »Nein« zur Messianität Jesu aussehen könnte.
1.4.5 Als geschichtlich konkrete Kirche muß sie ihr Verhältnis zum jüdischen Volk auch praktisch überdenken. Wie kann in den Gemeinden eine Ökumene zwischen Christen und Juden verwirklicht werden, welche Perspektiven könnten sich aus einer solchen Zusammenarbeit ergeben?
1.4.6 Kirche und Theologie müssen ihr Selbstverständnis im Bezug auf Israel als dem auserwählten Volk überdenken: W. Salberg sagt: »Wer von Israel redet, redet von einer Manifestation des unaufgebbaren göttlichen Heilswissens, berührt die Bundestheologie, ... Jesu Menschwerdung geschah als Judewerdung. Vielleicht braucht Gott beide Partner, so wie es Rabbi Gamaliel in Apg 5, 38 als Handlungsmaxime aufstellt«[32].

---

[31] Vgl. Rahner, K., Grundkurs des Glaubens, München 1976, 313f.
[32] Salberg, W., Theologische Praxis nach Auschwitz. Erfahrungen eines katholischen Pfarrers und Erwachsenenbildners, in: Ginzel, G. B., aaO. 521.

Dort heißt es: »Darum rate ich euch jetzt: Laßt von diesen Männern ab, und gebt sie frei; denn wenn dieses Vorhaben oder dieses Werk von Menschen stammt, wird es zerstört werden; stammt es aber von Gott, so könnt ihr sie nicht vernichten; sonst werdet ihr als Kämpfer gegen Gott dastehen.«

Zum Schluß möchte ich noch einmal P. von der Osten-Sacken zitieren, der sozusagen eine theologische Zusammenfassung der Reflexionen in diesem Kapitel gibt: »Die Stoßrichtung dieses Bekenntnisses [zu Jesus Christus als Messias] zielt als Teil heidenchristlichen Zeugnisses nachweislich Röm 9–11 nicht in erster Linie auf das jüdische Volk, sondern auf die Kirche selbst. Sie ist gefragt, ob sie das Bekenntnis so lebt, daß das jüdische Volk – in welcher Weise auch immer – zu erkennen vermag, daß Gott in Jesus Christus auch zugunsten Israels gehandelt hat. Solange das jüdische Volk dies nicht aufgrund des Gesamtverhaltens christlicher Gemeinden – durch deren Hören, Lernen, Verstehen und Handeln – zu spüren vermag, ist alles das, was Theologie und Kirche sonst noch in Sachen Israel sagen, schwerlich von Bedeutung.«[33]

2. CHRISTLICHE THEOLOGIE IM ANGESICHT VON AUSCHWITZ. DER ANSATZ VON ROSEMARY RADFORD RUETHER

Konkreter als die kirchlichen Stellungnahmen setzen sich die sogenannten »Holocaust-Theologen« mit Auschwitz auseinander[1]. Als »Holocaust-Theologen« gelten neben den jüdischen Theologen E. Berkovits, E. L. Fackenheim, R. L. Rubenstein und E. Wiesel[2] auf christlicher Seite G. Baum, H. Gollwitzer, J. B. Metz, J. Moltmann, D. Sölle und R. Radford Ruether.

Ihren Theologien liegen verschiedene Anliegen zugrunde: Für einige jüdische »Holocaust-Theologen« ist Auschwitz Gegenstand von geschichtstheologischen Reflexionen zum Schicksal des jüdischen Volkes. Die Problematik dieser theologischen Verzweckung der Opfer der »Schoah« wurde bereits im ersten Teil, im Kapitel 1.4 deutlich.

Anderen jüdischen Theologen ist Auschwitz zur radikalen ethischen Forde-

[33] Von der Osten-Sacken, P., aaO. 121.

[1] Zum Begriff »Holocaust – Theologie« vgl. Thoma, C., Christliche ... aaO. 232f.

[2] Eine Synopse der jüdischen Holocausttheologien findet sich bei Amir, Y., aaO. und Brocke, E., aaO., sowie im ersten Teil dieser Arbeit im Kapitel 1.4.

rung geworden, daß sich ein solcher Völkermord nie wiederholen dürfe. Die politischen und persönlichen Erfahrungen im Nationalsozialismus haben ihren Blick für Unterdrückungsverhältnisse überhaupt geschärft. Jüdisch-theologische Verantwortung interpretieren sie nachdrücklich als politische Verantwortung für das Wohlergehen aller Völker[3].
Die Zurückhaltung christlicher Theologen mit theologischen Interpretationen der Schoah kann dagegen vor allem auf zwei Ursachen zurückgeführt werden. Zum einen hat christliche Theologie nicht die gleiche Freiheit, sich den Erfahrungen von Auschwitz gegenüber so zu verhalten wie jüdische Theologie. Deswegen ist eine Zurückhaltung mit christlich-theologischen Deutungsversuchen von Auschwitz angeraten. Der ethischen Notwendigkeit, sich christlicherseits zurückzuhalten, steht jedoch eine solche Art Zurückhaltung der Kirchen und der Theologie gegenüber, die es gerade notwendig macht, von Auschwitz zu reden[4], damit die Schuldgeschichte der Kirchen gegenüber den Juden nicht verdrängt wird.[5]

2.1 Zum Ausgangspunkt einer theologischen Kritik des christlichen Antijudaismus

R. Radford Ruether greift in ihrem umstrittenen Buch »Nächstenliebe und Brudermord« das Defizit an theologiegeschichtlicher Reflexion auf, indem sie die Frage nach dem Zusammenhang von christlichem Antijudaismus und politisch-kulturellem bzw. sozialem Antisemitismus stellt.
Ihre Untersuchung ist hier deshalb wichtig, weil sie für das Zustandekommen des christlichen Antijudaismus ganz die gleichen psychischen Mechanismen aufdeckt wie Th. W. Adorno, M. Horkheimer und A. und M. Mitscherlich für den politisch-kulturellen Antisemitismus. Die Entstehung des negativen Mythos über die Juden rekonstruiert sie theologiegeschichtlich aus dem Ablösungsprozeß des Christentums von seiner jüdischen Mutterreligion. Die Begleiterscheinung dieses Ablösungsprozesses war, daß alles, was die Mutterreligion betraf, tendenziell abgewertet wurde. Dabei etablierte sich eine Form des komparativen Denkens auf der christlichen Seite. Dem überhöhten christlichen »Ich-Ideal« wurde der negative Mythos über die Juden entgegengesetzt. R. Radford Ruether verdeutlicht in einer

---

[3] Vgl. erster Teil, Kapitel 1.4 dieser Arbeit.
[4] Vgl. Metz, J. B., Im Angesichte der Juden ... aaO. 382f.
[5] Wie sehr die Umsetzung dieser Forderung für den Bereich kirchengeschichtlicher Forschung sowie für den Bereich kirchlicher Lehre und Praxis noch aussteht, hat das letzte Kapitel deutlich gemacht. Vgl. Teil zwei, Kapitel 1.1 und 1.4.

Art »Dialektik der christologischen Begriffe«, wie die ursprünglich innovatorischen Christusbekenntnisse der frühen Gemeinden zur Legitimation hierarchischer Machtstrukturen umfunktioniert wurden. Die ihrer Meinung nach in den christologischen Begriffen selbst angelegte Mißbrauchbarkeit für die Begründung von Judenhaß und Judenverfolgung, aber auch für die Legitimation sozialer Herrschaftsstrukuren, schuf demnach die Bedingungen für das Zusammenwirken von christlichem Antijudaismus und politisch-kulturellem Antisemitismus.
R. Radford Ruether macht deutlich, daß der nationalsozialistische Antisemitismus sich auf die Tradition des christlichen Antijudaismus stützen konnte und daß durch die unkritische Verwendung christologischer Begriffe im Bezug auf das Judentum, im Denken und in der Sprache heutiger Theologien immer noch latente Antijudaismen weitergetragen werden.
Ihr Anliegen ist es, »im Hören auf das Urteil Gottes über den Holocaust von Auschwitz . . . die tödlichen Elemente aus der christlichen Botschaft des Lebens auszumerzen und das Selbstverständnis der Kirchen neu zu interpretieren – wenn nötig, von Grund auf.«[6]

2.2 Zur geschichtlichen Herausbildung des negativen Mythos über die Juden

R. Radford Ruether entwickelt in ihrem Buch eine umstrittene These zur Entstehungsgeschichte innerchristlicher Antijudaismen. Die Dialektik von Theologie, Ideologie und Gesellschaft behält sie dabei strikt im Auge. Sie beginnt bei den Traditionen des vorchristlichen politischen Antisemitismus in der Ära der hellenistischen und römischen Herrschaft über Israel. Dieser Antisemitismus kam nicht zum sozialen Ausbruch, weil man pragmatisch auf politische und soziale Ruhe bedacht war[7]. Neben dem latenten Antisemitismus im politischen Bereich lassen sich in der frühesten Zeit der christlichen Gemeindebildungen antijüdische Tendenzen feststellen, die erst durch die Vereinigung mit dem griechisch-römischen Denken zum antijüdischen Mythos avancierten[8]. Dieser Mythos, der sich trotz der tatsächlichen Vielfalt jüdischer Gruppen zur Zeit Jesu und trotz deren unterschiedlichen Verhältnis zu ihm vereinfachend auf »die Juden« überhaupt erstreckte, etablierte sich im Weltbild und in der sozialen Wirklich-

[6] Baum, G., Einleitung, in: Radford Ruether, R., Nächstenliebe . . . aaO. 29.
[7] Vgl. Radford Ruether, R., aaO. 29.
[8] Vgl. aaO. 38ff.

keit als Legitimation für Judenhaß und Judenverfolgung. Er blieb bestimmend für die kulturelle, religiöse und geistig-soziale Verfaßtheit der Gesellschaften in der Spätantike. Er fand seinen sozialen Ausdruck in den Progromen und in den systematischen Verfolgungen während des Mittelalters, ebenso in den Zwangsmissionierungen und in den Ghettoisierungen jüdischer Gemeinden. Der systematische Ausrottungsversuch im Nationalsozialismus ist sicherlich der schlimmste Angriff auf das jüdische Volk, der sich auf den Mythos von »den Juden« stützen konnte.

Das Pendant zu dieser geistig-gesellschaftlichen Entwicklung unter dem Mythos über »die Juden« bildet die theologiegeschichtliche Rekonstruktion vom innerchristlichen Antijudaismus. Die ersten antijüdischen Implikationen in Vorstellungen und Begriffen des christlichen Identitätsbildungsprozesses sieht R. Radford Ruether im Anspruch des frühen Christentums, das eigentliche hermeneutische Prinzip für die Schriftauslegung und damit die eigentliche Wahrheit zu besitzen. Das frühe Christentum forderte seine Anerkennung als »wahres Gottesvolk«, als »neues Israel«, mit dem Gott einen neuen Bund geschlossen hatte, der den »alten« erfüllte und aufhob. Die vielfachen messianischen Traditionen im Judentum hielt man durch den in Jesus Christus gekommenen Messias für aufgelöst. Wer weiter an der messianischen Hoffnung festhielt, galt demnach als »verstockt«. Diese Positionen führten schließlich zum »Ausschluß der Kirche aus ihrer Mutterreligion«.[9]

Im Zuge eines vom Judentum sich absetzenden christlichen Identitätsfindungsprozesses entstanden Antijudaismen, die »nicht nur ein Mittel des Judenhasses waren, sondern eines, die christliche Identität als ›wahres Israel‹ zu begründen«[10].

Insofern wurde der christliche Antijudaismus zur »linken Hand der Christologie«. Er erwies sich damit als dem Problem christlicher Identitätsfindung immanent[11].

Die Frage nach dem historischen, dem jüdischen Jesus wurde zugunsten einer mit absolutem Wahrheitsanspruch versehenen Christusvorstellung zurückgedrängt. Von der Erkenntnis des Zusammenhangs von absolutem Wahrheitsanspruch und universalem Gültigkeitsanspruch einerseits, mit hierarchisch strukturierten Beziehungs- und Gesellschaftsformen andererseits ausgehend, macht R. Radford Ruether historisch nachvollziehbar, daß und wie später in der Zeit von den Kreuzzügen bis zur sogenannten

---

[9] AaO. 79.
[10] AaO. 243.
[11] Vgl. aaO. 170–189.

Emanzipation Zwangsmissionierungen und -ghettoisierungen vorgenommen wurden[12].
Die Verfolgungen der Juden, der Armutsbewegungen und der Hexen, die im 11. Jahrhundert begannen und sich wellenartig bis in das 18. Jahrhundert fortsetzten, geschahen alle im Zeichen der einen Wahrheit in Christus und, wie man glaubte, auch in deren Heilsinteresse[13]. Was hier als Reinigung des christlichen Abendlandes verstanden werden wollte, entlarvt R. Radford Ruether als Konsequenz der Spaltung des christlichen Selbstverständnisses, in dem Böses nur als das Fremde im Fremden und als das Feindliche im Feind erkannt werden kann; nicht aber als Teil des eigenen Selbst. Das Böse wird zum Mythos, unter dem unreflektiert jede Gruppe, die anders und fremd ist, zum Objekt der Vernichtung werden kann.
In ihren Untersuchungen zur geschichtlichen Herausbildung des negativen Mythos über die Juden bleibt R. Radford Ruether der Perspektive derer treu, die unter den Auswirkungen des theologischen Besitzdenkens zu leiden hatten und die dem Wahrheits- bzw. Universalitätsanspruch der Kirche zum Opfer fielen. Durch ihre dialektische Analyse wird offensichtlich, daß theologische Begriffe und ihre Verwendung im Christentum von ihrer Wirkungsgeschichte nicht unberührt bleiben. Als Konsequenz aus dieser Erkenntnis müßte die christliche Botschaft tatsächlich noch einmal sprachlich und inhaltlich daraufhin überprüft werden, wo sie der Legitimation gesellschaftlicher Unrechtsstrukturen Vorschub leistet.
Dies wird in der folgenden Auseinandersetzung mit dem christlich-dualistischen Denken noch einmal Thema sein.
Angesichts der Opfer des theologischen Besitzdenkens fordert P. von der Osten-Sacken einen »theologischen Besitzverzicht«. Dieser Verzicht soll keineswegs eine Relativierung des christlichen Glaubensgeheimnisses darstellen, sondern christliche und jüdische Messiashoffnung in ein angemessenes und ökumenisch richtiges Verhältnis zueinander bringen können.

2.3 Zur Dialektik christologischer Begriffe. Christlicher Dualismus versus Dialektik menschlicher Existenz

Der theologisch ausgearbeitete Dualismus der Begriffe, die kontrovers auf das Christentum und das Judentum angewendet wurden, unterstützten nach R. Radford Ruether den christlichen Antijudaismus. Die Dualismen sind hinreichend bekannt: Da stehen dem Universalismus des Christentums

[12] Vgl. aaO. 189ff, vgl. auch dies., Frauen für eine neue Gesellschaft, München 1979, 101 ff.
[13] Vgl. aaO.

der Partikularismus des Judentums gegenüber; der Verheißung an den neuen Bund der Gerichtsgott des alten Bundes; dem Geist des Evangeliums der Buchstabe des Gesetzes. Christus wird als einziger Mittler zwischen Gott und Mensch anerkannt, er wird als der gekommene Messias bekannt – was darauf hinausläuft, daß die theologische Existenz des Judentums logisch überholt erscheint. Christologie definiert sich damit auf Kosten ihrer eigenen jüdischen Wurzeln und zu Ungunsten des Judentums.

R. Radford Ruether schreibt:

»Unsere theologische Kritik des christlichen Antijudaismus muß sich nun dem zuwenden, was immer die Kehrseite des Antijudaismus war, nämlich der Christologie. Im Zentrum jeder christlichen Dualisierung der Dialektik menschlicher Existenz in christliche und antijüdische Antithesen liegt die Christologie, oder genauer, die Historisierung des eschatologischen Ereignisses. Realisierte Eschatologie verwandelt jede Dialektik, die wir untersucht haben – Gericht und Verheißung, Partikularismus und Universalismus, Buchstabe und Geist, Geschichte und Eschatologie – in einen Dualismus, wobei die eine Seite auf das ›neue messianische Volk‹, die Christen, und die negative Seite auf das ›alte Volk‹, die Juden, bezogen werden. Die Botschaft messianischer Erwartung wird in die Geschichte hineinverlegt und dann in ein historisches Ereignis verwandelt, so daß sie eher ein wirklichkeitsfremdes als ein wirklichkeitsnahes Prinzip wird. Es wird erklärt, daß das Böse ein für allemal durch den Messias besiegt ist. Sein Sieg wurde als katholische Kirche etabliert«[14].

Hier werden die Voraussetzungen des Projektionsmechanismus noch einmal klar.

Die Elemente, die im überhöhten Ich-Ideal, in der Vorstellung, daß wir bereits Erlöste seien, stören, werden abgespalten und verdrängt. Sie werden gleichzeitig, um den latenten Selbsthaß angesichts der eigenen Unvollkommenheit und faktischen Unerlöstheit zu vermeiden, auf denjenigen projiziert, der vermeintlicherweise das darstellt, was man an sich selbst verachtet: die Unerlöstheit, die Verweigerung des Angebotes Gottes in Christus, das »alte Volk«. Voraussetzung für das Funktionieren dieser Begriffe ist auch hier, daß der Andere nicht wirklich erfahren wird, ebensowenig wie man sich selbst nicht erfahren darf. Der Verlust von Selbst- und Fremderfahrung ist die Folge des Projektionsmechanismus. Seine theologischen Konsequenzen sehen nach R. Radford Ruether so aus: die Historisierung des eschatologischen Ereignisses führt zur Zerstörung messianischer Hoffnung und Praxis. Sie bringt die Versöhnung mit den vorgefundenen Ver-

[14] AaO. 129.

hältnissen mit sich, zumal wenn sie westeuropäischen Maßstäben entsprechen. Die messianische Hoffnung auf eine gerechte und vom Leid befreite Welt scheint hier schon erfüllt. Die Historisierung des eschatologischen Ereignisses zieht ein theologisches Besitzdenken nach sich und eine zwischenmenschliche wie politische Praxis, in der nach Metz nur noch »geglaubte Umkehr«, »geglaubte Nachfolge«, »geglaubte Liebe« und »geglaubte Leiden« existieren[15], nicht aber die solidarische Anstrengung in der Nachfolge Jesu für eine bessere und humanere Welt nach Gottes Willen.

2.4 Konsequenzen für eine Theologie in der jüdisch-christlichen Begegnung. Zur Notwendigkeit interdisziplinärer Theologie

Das Ziel ihrer Gedankenführung ist die Kritik an der »Historisierung des eschatologischen Ereignisses«[16], die eine jüdisch-christliche Verständigung in Richtung auf eine dialogfähige Theologie verhindert. Solange der messianische Erfüllungsglaube der Kirchen gegen die noch offene messianische Hoffnung des Judentums ausgespielt wird, ist der Weg zur Akzeptierung von mehreren Heilswegen, die zum gleichen Gott führen, versperrt.
Nach R. Radford Ruether liegt die Möglichkeit einer theologischen Verständigung in der Rückkehr zu den verdrängten Wurzeln der christlichen Theologie im Judentum und in der Bewußtwerdung der Ursachen des Antisemitismus. Diese Rückkehr gelingt, wenn die jüdischen theologischen Traditionen nach Jesus in christliche Reflexionen hineingenommen werden. Es geht, wie auch bei Mitscherlich, Lorenzer und Metz um die Wiedergewinnung der Erfahrung des Anderen. R. Radford Ruether formuliert es so: »Die brudermörderische Seite des christlichen Glaubens kann nur durch eine echte Begegnung mit der jüdischen Identität überwunden werden«[17]. Theologisch gewendet heißt die Frage also, ob das Christentum theologisch Raum für das Judentum schaffen kann. Dies stellt sich bislang als eine der Hauptfragen im jüdisch-christlichen Dialog dar, und das gerade dort, wo es um theologische Annäherungsversuche geht[18].
Raumgeben scheint für R. Radford Ruether nur um den Preis einer

---

[15] Metz, J. B./Heer, F./Beckmann, J./Amir, Y./Ginzel, G. B., Glaube und Widerstand nach Auschwitz, in: Ginzel, G. B., aaO. 185.
[16] Radford Ruether, R., Nächstenliebe ... aaO. 229.
[17] AaO. 243.
[18] Vgl. Jochum, H., aaO.

Relativierung des universalistischen Christusbekenntnisses möglich zu sein und um den Preis einer Rückkehr zum historischen Jesus sowie den jüdischen messianischen Traditionen, von denen er kam.

Für sie ist eine »paradigmatische und prophetische Sicht des messianischen Werkes Jesu die einzige theologisch und historisch haltbare Deutung ..., die mit dem biblischen Glauben und mit realem historischen Denken übereinstimmt«[19].

Ihre Unterscheidung von unerfülltem Messianismus und erfülltem Messianismus erscheint hilfreich, denn sie ermöglicht unter Voraussetzung der Kritik des historisierten eschatologischen Ereignisses die Perspektive einer mit Juden geteilten Hoffnung auf die Ankunft des endzeitlichen Messias. Das jüdische »Nein« zum christlichen Heilsweg und das Beharren darauf, daß weder Leid noch Elend herrschen dürfen, wenn die Zeit gekommen sei, bewährt sich hier als historisches Korrektiv im Interesse eines gemeinsamen, aktiven und solidarischen Wartens auf den Messias.

»Doch diese proleptische und paradigmatische Auslegung der Bedeutung der eschatologischen Erfahrung in Jesus verlangt eine Relativierung auch angesichts anderer Glaubensgemeinschaften, die sich nicht in die Erinnerung an diese paradigmatische Erfahrung eingebracht haben. Kreuz und Auferweckung sind ein Paradigma für uns, für die sie zum Paradigma geworden sind. Diejenigen, die sie nicht zu ihrem Paradigma gemacht haben, weil sie andere, aus ihrer eigenen Geschichte heraus überzeugendere Vorbilder haben, können hierdurch nicht als falsch oder unerlöst verurteilt werden. Diese kontextuale Sicht der Bedeutung von Kreuz und Auferwekkung nimmt die Verschiedenheit der Völker und ihrer Geschichte ernst, aus der heraus sie Gott in der Erinnerung an verschiedene Offenbarungserfahrungen hören«[20].

Im Sinne einer jüdisch-christlichen Begegnung, in der die theologische Identität beider Religionen gewahrt und geachtet bleibt, entwirft R. Radford Ruether konkrete Vorschläge für die Praxis theologischen Arbeitens an den Hochschulen und Universitäten:

Grundvoraussetzung ihrer Entwürfe ist, daß Kirche bereit sein muß, einer jüdischen Auslegung der alten Schriften Raum zu lassen[21]. Denn nur die tatsächliche Kenntnis der jüdischen Auslegung kann dem Status der hebräischen Schrift als »Altem Testament« entgegenwirken.

Direkte Gespräche zwischen »Lehrern und Studenten mit lebendigem

---

[19] Radford Ruether, R., aaO. 233.

[20] Ebd.

[21] Vgl. aaO. 241–243.

jüdischem Bewußtsein«[22] sollen eine gegenwartsbezogene jüdisch-christliche Ökumene auf theologischem Gebiet ermöglichen. Indem Judaistik ein Bereich im Theologiestudium würde, soll der antijüdischen Sprache in der christlichen Hermeneutik entgegengewirkt werden.
Es ist das Ziel dieser Vorschläge zum Theologiestudium, »daß der Christ den Juden versteht, wie er sich selbst versteht, und nicht, wie er ihn immer gesehen hat«[23].
Ihr Anliegen trifft sich mit dem Interesse, mit dem heute jüdische Theologen auf Christen zugehen:
Es ist die Hoffnung, daß die Schriften und Traditionen des Judentums »als eigenständige und jüdische Texte gelesen und studiert werden in ihrer Bedeutung für die jüdische Bundestheologie und für den Gottesdienst«[24].
Auch Jakob J. Petuchowski unterstreicht die Notwendigkeit von theologisch interdisziplinärer Arbeit, wenn die Verständigung zwischen Juden und Christen praktisch vorangetrieben werden soll. Diese Arbeit hält er sogar im Interesse derer für wichtig, die sich nicht im eigentlichen Sinne als glaubend oder religiös verstehen[25]. Denn die Korrektur falscher religiöser Sozialisation in bezug auf den Andersglaubenden hat auch hier Ansatzpunkte.
Seiner Meinung nach liegt es im christlichen Selbstinteresse, die Vielfalt jüdischer Gruppen zur Zeit Jesu wahrzunehmen und die eigene Entstehungsgeschichte im Kontext der zweitausendjährigen Geschichte vor und nach Christus zu bedenken.
Das jüdische Selbstinteresse am Studium des Neuen Testamentes und christlicher Theologiegeschichte könnte hingegen darin liegen, »mit der Erwähnung des Neuen Testaments nicht mehr die Jahrhunderte der Unterdrückung sehen«[26] zu müssen, sondern das Neue Testament als einen der möglichen Midraschim der hebräischen Bibel zu erkennen, »alongside all of the other midrashim which the Jews themselves have presented«[27]. Andererseits »(may) Christians ... begin to feel greater affinity with Jews, once they realize that not only the Old, but also the New Testament is Jewish literature«[28].

---

[22] AaO. 242.
[23] AaO. 243.
[24] Vgl. Petuchowski, J. J., Judaism in Christian Theological Education, in: Studies of Hope, Harvard Divinity Bulletin, April–May 1984, 10f.
[25] AaO. 11.
[26] AaO. 10.
[27] Ebd.
[28] Ebd.

Nach J. J. Petuchowski gibt es mehr theologische Gemeinsamkeiten zwischen christlicher und rabbinischer Tradition als bisher vermutet wurde. Im Zuge einer dialektisch auf das Christentum und Judentum bezogenen Ausarbeitung dieser Gemeinsamkeiten, hält er es u. a. für wünschenswert, einen »Kommentar zu Talmud und Midrasch aus dem Neuen Testament«[29] zu erstellen[30].

Dennoch liegt die spezifische Schwierigkeit der jüdisch-christlichen Ökumene darin, daß jede Religionsgemeinschaft in sich Eigenständigkeit hat und ihre Glaubensgeheimnisse nicht preisgeben kann und soll. Die Kirchen kommen um einen echten Dialog und um die Anerkennung Israels als eigenständigen Heilsweg nicht herum. Sie sind nach Herbert Jochum vor die Frage gestellt, inwieweit das jüdische »Nein« zu Christus nicht Heil für die Völker sein kann. Es geht um eine Bejahung der heilsgeschichtlichen Bedeutung Israels, die über die Kirchen hinaus Bedeutung haben kann. Ebenso muß jüdische Theologie reflektieren, inwieweit die Kirchen eine Heilsbedeutung »über Israel hinaus« haben können[31].

Welche Bedeutung die Anerkennung des Judentums als immer noch »wahres Israel« haben wird[32], »wissen wir jetzt noch nicht«, sagt R. R. Ruether. »Auf jeden Fall wird es eine gewisse Relativierung des christlichen Absolutheitsanspruches bewirken, welche die unabhängige Heilsgültigkeit der jüdischen Tradition anerkennt, die Authentizität dieses alternativen Weges, das biblische Erbe weiter zu entwickeln. Vielleicht wird es für einige eine echte Gegenseitigkeit werden, eine kreative Aufnahme der Offenbarungsgeschichte des anderen, eine Durchdringung der jeweils anderen Identität. Es ist zweifelhaft, daß diese beiden Ströme schon bald zusammenfließen werden. Es ist jedoch, und dies ist wichtiger, für niemandes Erlösung notwendig, daß sie bald zusammenfließen. Heute muß eine Tyrannei der Einheit durch die Wertschätzung der Bereicherung des Dialoges ersetzt werden, die geschieht, wenn verschiedene Traditionen ihre unterschiedliche Perspektive bewahren. Vielleicht braucht das Christentum ein von ihm getrenntes Judentum, um ehrlich zu bleiben! Gott, der die vielen Völker erschafft, kann auch viele Wege zum Vater ermöglichen, die erst an dem Ende der Geschichte, das in Wahrheit ›endgültig‹ ist, zu einem werden. Die brudermörderische Seite des christlichen Glaubens kann nur durch eine echte Begegnung mit der jüdischen Identität überwunden werden. Erst

---

[29] AaO. 11.

[30] Ebd.

[31] Vgl. Jochum, H., aaO. 882.

[32] Radford Ruether, R., aaO. 243.

dann wird sich vielleicht erstmals der Beginn einer ›jüdisch-christlichen Tradition‹ ereignen, die bisher nur als ein christlich-imperialistischer Mythos existiert und die jüdische Tradition mehr vergewaltigt als sich mit ihr vereinigt«[33].

3. THEOLOGIE IM INTERESSE JÜDISCH-CHRISTLICHER VERSTÄNDIGUNG

3.1 Voraussetzungen und Inhalte einer ökumenischen Theologie im christlich-jüdischen Dialog

R. Radford Ruether hat Auschwitz zum Anlaß einer kritischen Analyse des christlichen Antijudaismus genommen. Die Entstehungsgeschichte und die Elemente des Antijudaismus hat sie aus der Dialektik der Christologie entwickelt. Ihre Kritik will die Voraussetzung für eine von latenten und offenkundigen Antijudaismen befreite Botschaft des Christentums schaffen, die sich im interreligiösen Dialog als partnerschaftliche erweisen kann. Ihre und von der Osten-Sackens Forderung nach einem theologischen Besitzverzicht ermöglichte die unverstellte Wahrnehmung der eigenen religiösen Gehalte und der theologischen Inhalte im Judentum, ohne daß die jeweiligen Wahrheitsansprüche und Geltungsansprüche in Frage gestellt würden, ohne daß diese in Konkurrenz zueinander geraten müssen und ohne die vorhandenen Widersprüche zu leugnen. Sie beantwortete damit die Frage, wie das Christentum Raum für das Judentum schaffen kann. Dieser Antwort kommt eine grundsätzliche Bedeutung für die Entwicklung ökumenischer Theologien zu.
R. Radford Ruether und J. J. Petuchowski formulierten Entwürfe einer jüdisch-christlichen interdisziplinären Arbeit auf theologischem Gebiet. Diese bauen auf die Erkenntnis auf, daß christliche Theologie die Traditionen des Judentums nach Jesus und das jetzige lebendige Judentum kennen und rezipieren muß, damit sie der Entstehung antijüdischer Vorurteile wirksam vorbeugen kann[1].
Dazu bedarf es einer theologischen Reflexion auf die ganze Tradition der

---

[33] Ebd.

[1] Mosaiksteinartig setzen sich aus den Forderungskatalogen für eine Theologie nach Auschwitz die theologischen Standbeine einer interdisziplinären, jüdisch-christlichen Arbeit zusammen: vgl. erster Teil dieser Arbeit, Kapitel 1.3; 1.4; 2.4; 3.1; 5.1; 5.3; 5.4; zweiter Teil, Kapitel 1.1; 1.4; 2.4.

jeweils anderen Religion, ohne daß deren Identität dadurch gefährdet wird. J. J. Petuchowski schreibt:

»Wir müssen zur theologischen Dimension zurückkehren, sofern wir uns der Gefahren, die sie in der Vergangenheit ausgerichtet hat, voll bewußt sind, und uns davor hüten. Was uns aber nottut, ist eine jüdische Theologie des Christentums und eine christliche Theologie des Judentums.«[2]

Die Inhalte einer solchen Theologie ergeben sich hinsichtlich der gemeinsamen Glaubensbekenntnisse zu demselben Gott, der sich als Schöpfer, Erhalter und Retter den Menschen geoffenbart hat. Problem und Aufgaben für eine Theologie in der jüdisch-christlichen Begegnung ergeben sich aus der je verschiedenen Auslegung dieser Bekenntnisse.

Weitere Themen dieser Theologie sind: *Jesu Judesein* als Möglichkeit einer neuen Verhältnisbestimmung von Juden und Christen zueinander. Lag der Brennpunkt der christlichen Reflexion auf das jüdisch-christliche Verhältnis in der Frage, ob sie die *heilsgeschichtliche Funktion* des Judentums bejaht und zur bleibenden Erwähltheit Israels durch Gott steht, so besann man sich nun auf *positiv formulierbare Bestimmungen des Bundesverhältnisses.* Stellungnahmen zur theologischen Rückbindung an Israel, eine Klärung des *Verhältnisses von Kirche und Staat Israel,* sowie die *Wahrnehmung der gemeinsamen Verantwortung* für die Zukunft stellen die theologischen Herausforderungen dar.

Nach der Durchsicht etlicher christlich-theologischer Veröffentlichungen zur Frage einer positiven neuen Verhältnisbestimmung von Christentum und Judentum scheint obiger Themenkatalog Konsens zu sein[3].

Auch von jüdischer Seite wird eine Klärung des Verhältnisses von Christentum und Judentum in diesen Fragen erhofft[4].

Im Folgenden möchte ich kurz jüdisch-theologische und christlich-theologische Ansätze vorführen, die im Sinne Petuchowskis und Radford Ruethers Beiträge zu einem besseren Verständnis der Traditionen des anderen bieten. Vorzugsweise geht es in ihnen sowohl um die Stellung des Juden Jesus von Nazareth in der jüdischen und in der christlichen Tradition als auch um die Stellung des Juden Paulus in diesen Kontexten.

Vor allem die Jesuologien gehören deshalb in den Gegenstandsbereich dieser Arbeit, weil sie Weiterentwicklungen in der Theologie des jüdisch-

---

[2] Petuchowski, J. J., Zum Geleit, in: Oesterreicher, J., Die Wiederentdeckung des Judentums durch die Kirche, Meitingen 1971, 17.

[3] Vgl. Wirth, W., Auf der Suche nach dem neuen Menschen, in: Spiel – Räume, Kreativität im Horizont des christlichen Glaubens, Neukirchen – Vluyn 1983, 14 ff; vgl. Salberg, W., aaO.; vgl. von der Osten-Sacken, P., aaO.

[4] Vgl. Jochum, H., aaO.; vgl. Ginzel, G. B., aaO.; vgl. Petuchowski, J. J., aaO.

christlichen Dialogs sind. Sie stellen sozusagen die Wende von der Fixierung auf die trennenden Erlebnisse von Auschwitz hin zu einer gemeinsamen theologischen Arbeit dar. Ihr Ziel ist, inhaltlich gegen die immer noch existierenden Antijudaismen anzugehen. Sie verstehen sich also als Beitrag zur theologischen Bewußtseinsbildung.

Das Positive dieser gemeinsamen Anstrengung, die sowohl im Interesse der jüdischen Theologen wie im Interesse der Christen liegt, ist nicht zu unterschätzen. Die oben genannte Wende hat jedoch noch eine zweite Dimension. Ich möchte sie als Gefahr beschreiben: Sie bedeutet auch die Abkehr von der theologischen Reflexion über die sozialen, politischen, psychischen und kulturellen Ursachen von Auschwitz. Sie ist womöglich der Rückzug auf ein rein theologie-immanentes Gebiet, wo es nur noch um eine Synopse der religiösen Traditionen geht, ohne daß man dabei die Bedingungen des Theologietreibens und die Dialektik theologischer Begriffsbildungen im Auge behält.

3.2 Jesu Jude-Sein als wiederentdeckter Zugang zum Judentum und zu den jüdischen Wurzeln des Christentums

Die Versuche zu einer theologischen Begegnung zwischen Juden und Christen gehen zunächst von der Rückbesinnung auf das Jude-Sein Jesu aus. Die Aufdeckung der jüdischen Traditionen, vor deren Hintergrund die Botschaft und das Handeln Jesu von Nazareth im Lichte der messianischen apokalyptischen und pharisäischen Strömungen im Frühjudentum[5] erscheint, liegt im Interesse jüdischer wie christlicher Theologen. Ihr Anliegen ist, die Botschaft Jesu von Antijudaismen zu befreien. Die theologische Entfaltung von Jesu Jude-Sein gilt zugleich als Basis für zukünftige interdisziplinäre Arbeit[6].

---

[5] Entgegen der Gewohnheit, das Judentum zur Zeit Jesu als »Spätjudentum« zu bezeichnen, was nahelegt, daß mit Jesus Christus die Existenz des Judentums aufgehoben sei und zur Ignorierung der großen jüdisch-theologischen Traditionen bis heute führt, entschließe ich mich unter Berufung auf die Einwände von E. Zenger und C. Thoma für die Bezeichnung »Frühjudentum«. Vgl. Zenger, E., Geleitwort, in: Volken, L., Jesus der Jude und das Jüdische im Christentum, Düsseldorf 1983, 11. Vgl. Thoma, C., Christliche ... aaO. 55. Zu den Traditionen, vor deren Hintergrund die Botschaft und das Handeln Jesu verstanden werden muß, vgl. Thoma, C., Christliche ... aaO. 73ff, 87ff, 120ff, 163ff; vgl. von der Osten-Sacken, P., aaO. Kapitel III.

[6] Ich möchte im Folgenden einige Theologen nennen, die zum historischen Jesus als Integrationsfigur im jüdisch-christlichen Gespräch gearbeitet haben: vgl. Ben-Chorin, S., Bruder Jesus. Der Nazarener in jüdischer Sicht, München ^{4}1981; Flusser, D., Bemerkungen eines Juden zur christlichen Theologie, München 1984; weitere Beiträge lassen sich finden in:

W. Salberg fordert: »Wenn Jesu Botschaft von ihm selber im Kontext des ihn umgebenden Judentums verkündet werden konnte und er selber im Gewand des Frommen als torahtreuer Jude aufgetreten ist, so muß es doch prinzipiell möglich sein, Jesu Botschaft frei von Antijudaismen und dennoch ungekürzt auch heute noch zu verkünden«[7].

Wenn Kirche dem »Mysterium Israels«[8] begegnet, besinnt sie sich demnach auf ihr eigenes Geheimnis. Ob das Christentum und ob das Selbstverständnis von Kirche Raum für das Judentum hat, erweist sich in diesem Zusammenhang als konstitutive Grundfrage an die Kirchen selbst. Aufgabe einer bibelorientierten Theologie im jüdisch-christlichen Dialog ist es, die neutestamentlichen Hinweise auf konstitutive jüdische Elemente in der christlichen Botschaft herauszuarbeiten.

Laurenz Volken bemüht sich von christlicher Seite, eine Jesuologie und Christologie zu entwerfen, die das gemeinsame Erbe von Christen und Juden deutlich macht. Sie soll als Grundlage für neue Perspektiven dienen. »Diese Perspektiven treten hervor durch die Bedeutung, die das gemeinsame Erbe für die innerchristliche Ökumene hat, durch das Vermeiden von Verdrängung christlicher- und jüdischerseits, durch ein positives Verhältnis zueinander im Bewußtsein, daß Christen und Juden, auf das gleiche Ziel ausgerichtet, gemeinsam in Liebe und Hoffnung in derselben Welt für die Ehre Gottes und zum Wohl der Menschen zu leben haben«[9].

Natürlich wäre es wichtig, an dieser Stelle auch den »Traktat über die Juden« von Franz Mußner zu nennen, dessen Arbeit zusammen mit der früher erschienenen »Christlichen Theologie des Judentums« von Clemens Thoma den Grundstein für eine umfassende christliche Theologie des Judentums legte. Beide Autoren wollen Zugänge zur jüdischen Tradition schaffen, durch die eine explizit theologische Identitätsfindung der Christen aus ihren jüdischen Wurzeln ermöglicht wird.

3.3 Jüdische Zugangsweisen zu Jesus von Nazareth

Der Ausgang von der Schrift und die Rückführung zu ihr sind der hermeneutische Schlüssel, mit dem auch Juden sich einen Zugang zu Jesus

---

Eckert, W. P./Henrix, H. H. (Hg.), Jesu Jude-Sein als Zugang zum Judentum, Aachen 1976; Mußner, F., Traktat über die Juden, München 1979; Rosenzweig, R., Solidarität mit den Leidenden im Judentum, Berlin–New York 1977; Thoma C., Christliche . . . aaO.; Volken, L., Jesus der Jude und das Jüdische im Christentum, Düsseldorf 1983.

[7] Salberg, W., aaO. 514.

[8] AaO. 515.

[9] Volken, L., Jesus der Jude und das Jüdische im Christentum, Düsseldorf 1983, 29.

verschaffen. Ihre Intention ist es, auch den Christen durch den Aufweis jüdischer Wurzeln und Parallelen im Christentum einen Zugang zum Judentum aufzuzeigen und sich gegen diejenigen Bestrebungen zu wehren, die sich im Laufe der christlichen Tradition gegen das Judentum richteten: dem Judentum die Heilsgültigkeit ihres Weges abzuerkennen; das Judentum lediglich als Vorstufe des Christentums zu betrachten und von daher sowohl die ganze jüdische Tradition der Halacha, Aggada und Mischna zu leugnen. Aus einer solchen Perspektive erscheint es heilswidrig, daß es Juden jüdischen Bekenntnisses überhaupt noch gibt ... Als sei es ein logischer Übergang vom Judentum zum Christentum.
Eng mit dem Problem der Anerkennung der Heilsgültigkeit Israels und anderer Religionen hängt die Frage der Mission zusammen. Theologen im jüdisch-christlichen Gespräch wenden sich gegen die Judenmission mit der Begründung, daß Juden und Christen dem gleichen Gottesvolk angehören und daß Jesus ausdrücklich die Gültigkeit der hebräischen Schrift bestätigt hat[10].

3.3.1 Jesu Jude-Sein im geschichtlichen Streit zwischen Juden und Christen. Eine kritische jüdische Betrachtung

Daß jüdische Theologen erst jetzt Interesse zeigen für die Person Jesu, liegt durchaus auch an der psychologischen Abwehrsituation gegenüber dem missionarischen Drängen der christlichen Kirchen in der Geschichte, die ihnen die Freiheit nicht ließ, sich positiv mit Jesus zu befassen[11].
An dieser Stelle wird wiederum eine der spezifischen geschichtlichen und theologischen Asymetrien des Dialogs offenkundig.
Eigentlich, so sagt E. L. Ehrlich, nötigt die Juden nichts, »von Jesus und dem Evangelium Kenntnis zu nehmen«, denn das »Judentum besitzt eine ungemein reiche Tradition, die sich organisch an das AT anschließt, es erläutert und ergänzt, seine Gedanken aufnimmt und entwickelt«[12]. Daß nun aber doch jüdische Gelehrte der letzten beiden Generationen sich um christliche Traditionen gekümmert haben, liegt im Verlangen der Juden des 19. Jahrhunderts, »Anteil am Wissen der christlichen Umwelt zu erlangen, um auf diese Weise staatsbürgerliche Reife gegenüber denen zu beweisen, welche der Emanzipation der Juden im Wege standen«[13].
Dieses Zitat impliziert die Bestätigung der These von R. Radford Ruether,

---

10 Vgl. Mt 5,17–20. H. Kremers, Judenmission heute? Neukirchen-Vluyn 1979.
11 Vgl. Ehrlich, E. L., Eine jüdische Auffassung von Jesus, in: Eckert, W. P./Henrix, H. H. (Hg.), Jesu Jude-Sein als Zugang zum Judentum, Aachen 1976, 35.
12 AaO. 36.
13 Ebd.

daß die theologischen Inhalte nicht unberührt bleiben können von der Wirkungsgeschichte, die sie nach sich gezogen haben.
Dabei sind es die Juden, die die eigentliche, aus dem Jude-Sein Jesu und aus der jüdischen Tradition erwachsene Herausforderung, die Jesus für das Christentum und die das Judentum für das heutige Christentum ist, verstehen. Es ist nicht zu übersehen, mit welcher kritischen Schärfe E. L. Ehrlich hier in die Auseinandersetzung mit der christlichen Glaubensgeschichte geht. Vor allem, wo diese sich auf Jesus beruft, streicht er die Mißverständnisse und die bewußten Verzeichnungen des Judentums durch die christliche Rezeptionsgeschichte des Neuen Testamentes heraus. Sein Verdacht ist, daß die heutige Christenheit an Jesus vorbeikommen wolle, »indem sie ihn verinnerlichten, indem sie ihn vertheologisierten, dogmatisierten, verabsolutierten und damit ständig umbrachten«[14], statt den prophetischen und dynamischen Gehalt seiner in der jüdischen Tradition stehenden Handlungen und Worte selbst als Aufforderung zu verstehen, und das Reich Gottes als praktisch aufgegeben zu begreifen. Diese Kritik teilt er mit christlichen Theologen. So beruft er sich auf J. B. Metz, H. Küng u. D. Bonhoeffer[15]. Kern der theologischen Auseinandersetzung ist dort, daß Christen nie verstanden haben, »warum Juden ihren Mitjuden Jesus als *Heilsgestalt* nicht brauchten«[16]. Sie sind das berufene Volk am Dienste Gottes und bleiben es auch ohne Jesus.
Im Hinblick auf die bleibende Erwähltheit Israels muß gesagt werden: Das neue und das alte Gottesvolk sind eines, sind parallel zueinander und unabhängig voneinander gültig. Neu und alt können nicht gegeneinander ausgespielt werden. Vielmehr ist es eher so richtig verstanden, wenn das neue aus dem alten herausgewachsen ist, wie ein Zweig aus dem Stamm. Daß das Bedürfnis der Christen, mit den Juden ins Gespräch zu kommen, größer ist als umgekehrt, wird von dem Gedanken her klar, daß das Christentum Auszugsgemeinde aus dem Judentum ist und war. Hinzu kommt, daß wir Christen mitschuld sind, »daß die noch existierenden jüdischen Gemeinden mißtrauisch sein müssen und eine neue Form von Vereinnahmung fürchten, wenn wir als christliche Institutionen auf sie zukommen«[17].
Theologisch faßt P. von der Osten-Sacken diese Gefahr so: »Selbst wenn Christen nach dem sogenannten historischen Jesus fragen und dabei seine

[14] AaO. 48.
[15] AaO. 46.
[16] AaO. 48.
[17] Zenger, E., aaO. 11.

Jüdischheit in den Blick fassen, so zeigt das erinnerte Bild im allgemeinen nicht den Juden Jesus, sondern – idealtypisch – den ersten Christen«[18].

3.3.2 Der historische Jesus als Integrationsfigur

David Flusser ist in seinem Büchlein »Bemerkungen eines Juden zur christlichen Theologie« darum bemüht, Jesus im Kontext der damaligen jüdischen Strömungen zu beschreiben und sein Verhältnis zum Gesetz, zum jüdischen Ritus, zur Synagoge, den Gruppen, der Thora und zum Christentum aus jüdischer Sicht deutlich zu machen und die Chancen des Jude-Seins Jesu für das heutige Christentum herauszuarbeiten, ohne »die spezifischen Konturen der Botschaft des Nazareners«[19] zu verwischen. In dem dritten Aufsatz seines Buches spricht er sogar von dem »jüdischen Ursprung der Christologie«[20] und untersucht die Ursprünge der Bilder: »Geboren aus der Jungfrau Maria«; »Und sitzet zur Rechten Gottes«; »Ein Name, der über allen Namen steht«; »Am dritten Tage wieder auferstanden«.

Möglichkeiten einer jüdisch-christlichen Annäherung sieht er auch im Hinblick auf die Sakramente und die jüdischen Rituale und Feste[21]. In seinen 57 »Thesen zur Entstehung des Christentums aus dem Judentum« entwickelt er die Möglichkeiten und Spannungen einer Beziehung zwischen Christen und Juden, Christentum und Judentum[22].

Jüdische Zugangsweisen auf das Christentum, so auch die in Schalom Ben Chorins Buch »Bruder Jesus, der Nazarener, in jüdischer Sicht«[23], haben vor allem zwei Ansatzpunkte:

Bei Jesus von Nazareth und bei Paulus, wobei besonders die Kapitel Röm 9–11 immer wieder herangezogen werden, um die ursprüngliche Verbundenheit des Paulus mit dem Judentum herauszustellen.

Das Jude-Sein Jesu und Pauli sind dabei die Plattform für eine zukünftige theologische Verständigung. Es bietet auch für Juden einen Zugang zu der Frage, welche Bedeutung Jesus für sie haben kann; wie weit sie sich zu ihrem Mitbruder bekennen könnten.

---

[18] Von der Osten-Sacken, P., Zum Geleit: »Jesus nicht Ceasar!«, in: Flusser, D., Bemerkungen eines Juden zur christlichen Theologie, München 1984, 7.

[19] AaO. 8.

[20] Vgl. Flusser, D., Bemerkungen eines Juden zur christlichen Theologie, München 1984, 54–66.

[21] AaO. 66–82.

[22] Vgl. aaO. 94–102.

[23] Ben-Chorin, S., Bruder Jesus. Der Nazarener in jüdischer Sicht, München [4]1981.

4. CHRISTLICHE THEOLOGIE DES JUDENTUMS IN DER KRITIK

4.1 Zum Streit um den neutestamentlichen Antijudaismus

Daß die Frage, ob der christliche Antijudaismus seine Anfänge bereits im Neuen Testament nimmt oder erst später, nicht einheitlich beantwortet wird, ist offenkundig, wenn man die theologiegeschichtliche dialektische Analyse von R. Radford Ruether mit den jesuologischen Ansätzen der eben vorgestellten Theologen vergleicht.

Gerade die Stellung des Paulus zum Judentum seiner Zeit wird ganz unterschiedlich bewertet. Entscheidend für das Ergebnis der jeweiligen Untersuchungen ist dabei der hermeneutische Ausgangspunkt. Dieser hängt wiederum von der Intention ab, die den Theologen in den Auseinandersetzungen mit den Paulinischen Schriften leitet. Diese Differenzen im hermeneutischen Ausgangspunkt gehen sowohl durch das jüdische als auch durch das christliche Lager.

Die Evangelien erscheinen dann als »Quelle des Antisemitismus«, wenn sie mit der Perspektive derer betrachtet werden, die unter den Auswirkungen des christlichen Antijudaismus zu leiden hatten. So fordert Irving Greenberg als Jude:

»mit den Evangelien selbst zu streiten darüber, daß sie eine Quelle des Antisemitismus sind. Für den gläubigen Christen ist das Neue Testament das Wort Gottes. Aber auch das Wort Gottes muß dafür zur Rechenschaft gezogen werden, daß es Haß nährte, und auch für die Schuldhaftigkeit am Völkermord oder die Mitschuld daran. Nichts weniger als eine fundamentale Kritik und Reinigung der Evangelien selbst kann das Christentum davon reinigen, eine Quelle des Hasses zu sein«[1].

I. Greenberg, ebenso wie R. Radford Ruether »Holocaust-Theologe«, teilt mit Gregory Baum die Absicht, die christliche Tradition einer radikalen Kritik im Hinblick auf die christlichen Antijudaismen und ihre Wirkung auf den nationalsozialistischen Antisemitismus zu unterziehen. Im Bezug auf Paulus kommt G. Baum zu dem exegetischen Ergebnis:

»Alle Versuche christlicher Theologen, zu einem positiven Ergebnis aus des Pauls Lehre in Röm 9–11 zu gelangen (und ich habe dies ebenso wie andere versucht), sind Wunschdenken. Was Paulus und die ganze christliche

[1] Greenberg, I., Cloud of Smoke, Pillar of Fire: Judaism, Christianity and Modernity after the Holocaust, in: Fleischner, E. (Ed.), Auschwitz, Beginning of a new Era? Reflections on the Holocaust, New York 1977, 40–41, zit. in: Brocke, E., aaO. 109.

Tradition lehrt, ist unmißverständlich negativ: Die Religion Israels ist jetzt übertroffen ...«[2].

Positiver werden diese Kapitel im Römerbrief von den Theologen gewertet, denen es gerade um die Aufdeckung der Gemeinsamkeiten von Christentum und Judentum geht. Die Rückbesinnung auf das Jude-Sein Jesu und das Jude-Sein Pauli sowie die positive Formulierung des jüdischen Erbes im Christentum geschieht dabei im Interesse einer religiösen Verständigung und einer gemeinsamen zukünftigen Praxis. Dieses Interesse, als Fernziel ins Auge gefaßt, teilen diese Theologen mit den »Holocaust-Theologen«[3]. Dennoch ist die Grundlage dazu eine ganz andere.

P. von der Osten-Sacken erarbeitete in seinem Buch »Grundzüge einer Theologie im christlich-jüdischen Gespräch«[4] Leitlinien für eine Israel bejahende Christologie. Er greift damit die Forderung R. Radford Ruethers nach einem theologischen Besitzverzicht auf. In der Auseinandersetzung mit den jüdischen Traditionen des Neuen Testamentes rückt er die historische Person Jesu und seine Botschaft in den Kontext des damaligen Judentums. Indem er die »Für-Struktur« des Redens und Wirkens Jesu herausarbeitet, macht er die Parallelen zum jüdisch-theologischen Denken damals deutlich[5].

Daß Jesus praktisch umsetzte, was die Pharisäer allerhöchstens theoretisch wollten[6], zeichnet ihn erst recht als »Sohn Israels« aus. Stellen bei Paulus und Johannes, die sich auf den ersten Blick kritisch gegen das Judentum wenden, bewertet P. von der Osten-Sacken exegetisch als Selbstkritik des frühen Christentums. Die dieser Selbstkritik immanente positive Beziehung zum Judentum macht er zum Maßstab kirchlicher Praxis heute: »Die Stoßrichtung dieses Bekenntnisses (zu Jesus Christus als Messias) zielt als Teil heidenchristlichen Zeugnisses nachweislich Röm 9–11 nicht in erster Linie auf das jüdische Volk, sondern auf die Kirche selbst. Sie ist gefragt, ob sie das Bekenntnis so lebt, daß das jüdische Volk – in welcher Weise auch immer – zu erkennen vermag, daß Gott in Jesus Christus auch zugunsten Israels gehandelt hat. Solange das jüdische Volk dies nicht aufgrund des Gesamtverhaltens christlicher Gemeinden – durch deren Hören, Lernen, Verstehen und Handeln – zu spüren vermag, ist alles das, was Theologie und Kirche sonst noch in Sachen Israel sagen, schwerlich von Bedeutung«[7].

---

[2] Baum, G., aaO. 14.
[3] Von der Osten-Sacken, P., aaO. 196.
[4] Vgl. ebd.
[5] Zur »Für-Struktur« des Wirkens und Redens Jesu vgl. ders., aaO. 72, 76f, 80, 83.
[6] Vgl. aaO. 83.
[7] AaO. 121f.

Ich halte es für ein Verdienst P. von der Osten-Sackens, daß ihm die Aktualisierung dessen, was eine Israel bejahende Exegese bedeutet, immer wieder gelingt. Im Bezug auf die kirchlichen Stellungnahmen wurde seine kritische Position schon dargestellt[8]. Dennoch sind die Differenzen im Ergebnis der exegetischen Untersuchungen bei Paulus, gerade im Bezug auf Röm 9–11, eklatant, wenn man seine Untersuchungen mit denen von R. Radford Ruether vergleicht[9].

Während R. Radford Ruether die gnostisch-antijüdischen Züge von Paulus hervorhebt, wird Paulus bei P. von der Osten-Sacken zum Verteidiger der jüdischen Gemeindemitglieder[10].

Ein weiterer Unterschied zwischen Osten-Sacken und R. Radford Ruether ist, daß P. von der Osten-Sacken auch die jüdische Sicht von Jesus mitreflektiert und von daher den Konflikt zwischen Juden und Christen als beidseitigen beschreibt, ohne die Schuld der Christen zu verdrängen.

In der Frage der Stellung zu Paulus scheint es sich um einen Basiskonflikt

---

[8] Vgl. zweiter Teil dieser Arbeit, Kapitel 1.3.

[9] Der Unterschied zwischen dem historischen Jesus und dem kerygmatischen Christus zieht sich als Spannung durch die ganze Christologie. Die exegetischen Befunde im Hinblick auf die Frage nach der Judenfeindlichkeit oder Judenfreundlichkeit des Neuen Testaments fallen verschieden aus, je nachdem, an wem sich die Theologen orientieren und mit welcher Absicht sie an die neutestamentlichen Schriften herangehen. – P. von der Osten-Sacken ist daran gelegen, den historischen Jesus herauszuarbeiten und so die jüdischen Wurzeln des Christentums im Neuen Testament offenzulegen. Sie sind das Fundament einer von Antijudaismen befreiten Christologie. – R. Radford Ruether geht es dagegen darum, die Inhalte des Christuskerygmas auf deren Verhältnis zum Judentum zu befragen. Sie stößt dabei auf immanente Antijudaismen, die die Geschichte der Juden schon in frühchristlicher Zeit als Leidensgeschichte ausweisen. Dies hebt auch R. Rosenzweig hervor. – Wenn man D. Flusser hinzuzieht, wird deutlich, daß sich Juden und Christen sehr wohl bei der Glaubenspraxis, der Lehre und dem Handeln Jesu begegnen können. Die Konflikte treten beim Christus- und Messiasbekenntnis auf. Zumal christologische Formeln bei Paulus und den Synoptikern stets in Abgrenzung zum Judentum formuliert sind. – Die eklatanten Unterschiede zwischen der Interpretation paulinischer Aussagen von R. Radford Ruether und P. von der Osten-Sacken treten gerade bei der Deutung der antithetischen Struktur der Verhältnisbestimmungen von Christentum und Judentum auf. Während R. Radford Ruether die gnostisch-antijüdischen Züge bei Paulus hervorhebt, wird Paulus bei P. von der Osten-Sacken zum Verteidiger der jüdischen Gemeindemitglieder (vgl. ders., aaO. 104). Die Bestimmung des Verhältnisses von Israel und den Völkern im Hinblick auf deren Anteilhabe am Heil durch Christus in Röm 10,19f wird von R. Radford Ruether als extrem antijüdisch, gegen jede Heilsbedeutung von Israel gerichtet, bewertet; P. von der Osten-Sacken sieht in dieser Stelle die Hervorhebung des Volkes Israel unter den übrigen Völkern (vgl. von der Osten-Sacken, P., aaO. 106ff; dagegen Radford Ruether, R., Nächstenliebe ... aaO. 102, 103f). Die gleichen Unterschiede finden sich im Zusammenhang von Jesu Stellung zum Gesetz (vgl. Radford Ruether, R., aaO. 78; dagegen von der Osten-Sacken, P., aaO. 133f).

[10] Vgl. von der Osten-Sacken, P., aaO. 104.

der Theologie im christlich-jüdischen Gespräch zu handeln. Er bekommt dadurch seine Relevanz für unser Thema, daß er ein Indikator für das noch nicht geklärte Problem ist, ob die kirchliche Schuldgeschichte gegenüber den Juden, wie weit die christlichen Antijudaismen und wie weit Auschwitz nur Randprobleme der christlichen Botschaft sind oder ob der christliche Antijudaismus zum Kern der christlichen Botschaft gehört.

R. Radford Ruether hat hier meiner Ansicht nach die radikalste Analyse gebracht und diejenige, die die Zukunft des jüdisch-christlichen Verhältnisses am weitesten eröffnet[11].

Der Streit um die Stellung des Neuen Testamentes zur jüdischen Mutterreligion ist nicht beendet:

C. Thoma z. B. wendet sich dezidiert gegen die Möglichkeit, daß im Neuen Testament und bei Paulus, der selbst Jude gewesen und auf seine jüdische Herkunft stolz gewesen sei, antijudaistische Äußerungen ernstlich vorkommen könnten. Paulus und die neutestamentlichen Hagiographen: »Alle wollten echtes, Gott gefälliges Judentum präsentieren ... Antisemitismus kann nur von draußen her kommen. Nichtjuden oder jüdische Dissidenten können ihn erzeugen«[12].

Seiner Meinung nach lag es ausdrücklich im Interesse des Paulus, die Juden gegen den in den frühchristlichen Gemeinden aufkommenden Antisemitismus zu schützen[13]. Dies liest er an den paulinischen Äußerungen zum Verhältnis der Heidenchristen zu Israel ab, die er in Röm 9–11 zum Zwecke der Verteidigung des Judentums geschrieben haben soll[14]. Hier sei nur eine Aussage angeführt: »Nicht du trägst die Wurzel, sondern die Wurzel trägt dich« (Röm 11,18).

Selbst harte Scheltworte gegen »die Juden«, wie sie sich in Joh 8,44 finden, interpretiert C. Thoma als innerjüdische Selbstkritik, die sich gegen eine bestimmte Gruppe im Frühjudentum zur Zeit Jesu wendet, nicht aber als Kritik an den Juden insgesamt. Gegen die Vertreter der These eines neutestamentlichen Antijudaismus argumentiert er: »Unter dem Eindruck des dualistisch-antithetischen johanneischen Denkens generalisierte man in der christlichen Auslegungsgeschichte den Ausdruck ›die Juden‹ allzu sehr«[15].

Andererseits gesteht er zu, daß der christliche Antijudaismus in »spätneutestamentlicher Zeit« unter den nichtjüdischen Christen »eine Realität« gewe-

---

[11] Vgl. Radford Ruether, R., aaO. 143.

[12] Thoma, C., Christliche ... aaO. 238.

[13] AaO. 239.

[14] Ebd.

[15] AaO. 239f.

sen sei.[16] »Die nicht antijüdisch gemeinten Worte Christi oder des Paulus wurden im Gehirn, im Mund und in der Feder vieler christlicher Verkünder zu antijüdischen Selbstrechtfertigungen der eigenen Positionen und Schwächen«[17].

Er wertet diese Umdeutung als »geschichtsfeindliche Interpretation der von den Juden übernommenen Offenbarungstexte«[18].

Mit dieser scharfen Trennung von kerygmatischem und historischem Jesus verfolgt er die Absicht, nachzuweisen, daß sich das Christentum mit seinen Antijudaismen von seinen eigenen Wurzeln abschneidet.

Christlicher Antijudaismus und das Bekenntnis zum universalen Heilswillen Christi sind unvereinbar, nachdem die Verwurzelung des Christentums im Judentum nicht mehr von der Hand zu weisen ist.

C. Thoma entwirft eine christliche Theologie des Judentums, die auf dem Grundsatz der Anerkennung der Koexistenz der beiden Religionen aufbaut. Die verbundenen und trennenden Elemente der beiden Traditionen durchforstet er theologisch, um diese Koexistenz in ihren konkreten Möglichkeiten und Schwierigkeiten auf den Begriff zu bringen. Er will aufzeigen, »daß, wie, in welchen Punkten und mit welchen Aussichten man theologisch besonders intensiv an das Judentum herangehen sollte«[19]. Seine Theologie ist ein Versuch, »die christliche Botschaft an der jüdischen Tradition zu erproben«[20].

Im Interesse der theologischen Annäherung und der präzisen Ausarbeitung theologischer Gemeinsamkeiten trennt er scharf zwischen dem, was innertheologisch mit den Bekenntnissen beider Religionen eigentlich gemeint sein kann, und der Geschichte interreligiöser Unterdrückung und gegenseitiger Polemik, die mit diesen Bekenntnissen verbunden ist[21].

Diese Trennung der spätneutestamentlichen Antisemitismen von der Judenfreundlichkeit des Paulus und der Hagiographen – soweit das tatsächlich stimmt – und die Trennung des theologischen Gehaltes der jüdischen und christlichen Bekenntnisse von ihrer Wirkungsgeschichte in den Theologien der Religionsgemeinschaften dienen sehr wohl einer ethischen und innertheologischen Begründung für die Forderung, daß sich das Christentum auf seine Verbundenheit mit dem Judentum besinnen muß. In dieser Forderung stimmen alle Theologen des jüdisch-christlichen Dialogs über-

---

[16] AaO. 241.
[17] Ebd.
[18] Ebd.
[19] AaO. 48.
[20] AaO. 43.
[21] Am Beispiel der Missionsfrage wird dies besonders deutlich, vgl. aaO. 266.

ein. Allerdings geht die Methode wieder auf Kosten jüdischer Leidenserfahrungen mit den christlichen Antijudaismen. Denn sie werden zum Geschichtlichen, Überholten, zu dem, was eigentlich nicht gemeint gewesen sein kann, degradiert. Daß auch diese Leidenserfahrungen unlösbar an die theologischen Begriffe und an deren Verwendung im Kontext christlicher Schuldgeschichte dem jüdischen Volk gegenüber gebunden sind, wird hier unterbewertet.

Wenngleich sich C. Thoma der Aufgabe stellt, »die Aufarbeitung und Beurteilung der jüdischen und der jüdisch-christlichen Vergangenheit für fragende Christen von heute«[22] mit einer christlichen Theologie des Judentums zu leisten – und darin das geschichtliche Element einen wichtigen Stellenwert bekommt –, wird doch der dialektische Zusammenhang von geschichtlicher Leiderfahrung und von den sich in theologischen Begriffen ausdrückenden Legitimationen für rettende, befreiende oder unterdrükkende Sozialstrukturen nicht genügend in den Blick genommen. D. h., es besteht die Gefahr, daß eine neue jüdisch-christliche Theologie möglicherweise die in ihrer Sprache verborgenen latenten Antijudaismen weitertransportiert. Damit würde sie gegen ihre eigene Sache arbeiten. Die Analysen von Th. W. Adorno, M. Horkheimer, A. u. M. Mitscherlich, sowie R. Radford Ruether haben nämlich ergeben, daß der Antisemitismus bzw. Antijudaismus solange eine latente Gefahr bedeutet, wie die Mechanismen des antijüdischen Mythos, der Selbsthaß und Neid auf den auserwählten Feind projiziert, nicht überwunden ist.

Diesen Zusammenhang aufzuzeigen, war gerade die Leistung von R. Radford Ruether. Die geschichtlichen Leidenserfahrungen und die sie verursachenden zwischenmenschlichen Beziehungsmuster und politischen Machtstrukturen dringen als Anfrage vor bis zu den Begriffen selbst, bzw. zu deren Mißbrauchbarkeit für die Legitimation von Unterdrückungsverhältnissen. Sie weist nach, daß Paulus zwar sehr wohl die Verwurzelung der christlichen neuen Gedanken im Judentum betont, in spezifisch jüdischen Vorstellungsformen spricht und Bezug nimmt auf sie. Aber die antithetisch verwendeten theologischen Begriffe von Fleisch und Geist, von der äußeren Beschneidung des Fleisches und der der Herzen (Röm 2,25–29), Gesetz und Geist, altem Bund und neuem Bund, die implizierte Trennung zwischen »dem Reich des fleischlichen, geschichtlichen Menschen« und dem »des auferstandenen eschatologischen Menschen«[23], die Trennung von altem Äon, dem die Juden zugehören, und neuem Äon, der mit Christus angebro-

[22] AaO. 43.
[23] Radford Ruether, R., aaO. 99.

chen ist – diese Trennungen brachten mit sich, daß »die Antithese zwischen dem wahren und dem abtrünnigen Israel in eine Sicht der Welt aufgenommen wird, die den platonischen Dualismus (das Materielle und das Ideelle) mit dem messianischen Dualismus (›diese Zeit‹ und ›die kommende Zeit‹) verbindet«[24].

Hier kann es nicht mehr um eine jüdische Selbstkritik gehen, wie C. Thoma meint. Hier findet man Abgrenzungen zum Judentum, die einer Negation der Existenzberechtigung des Judentums nach dem Ausschluß der Christen aus ihrer Mutterreligion und im Zuge eines neuen christlichen Identitätsfindungsprozesses in Abgrenzung gegen die jüdischen Wurzeln Vorschub leisteten.

4.2 Zur Bedeutung des Streits über den neutestamentlichen Antijudaismus für die Hermeneutik einer Theologie im jüdisch-christlichen Dialog

Es ist deutlich geworden, daß die Jesuologien einen eigenen und festen Stellenwert im sogenannten jüdisch-christlichen Dialog haben. Erstens als Rückbesinnung auf die jüdischen Wurzeln des Christentums; zweitens als Vergegenwärtigung des Jude-Seins Jesu. Deshalb leisten diese Theologien durchaus Widerstand gegen die Verdrängung der christlichen Entstehungsgeschichte aus dem Judentum. Das Jude-Sein Jesu stellt dabei den theologischen Schnittpunkt dar, an dem sich jüdische und christliche Theologen begegnen und an dem die Gemeinsamkeiten im Gottesbekenntnis, in religiösen Vorstellungsmustern und in der Berufung auf die hebräische Schrift aufgedeckt und aufgearbeitet werden.

Diese Gemeinsamkeiten können zunächst als Basis dienen für eine zukünftige interdisziplinäre Theologie zwischen Judentum und Christentum. Der Zugang auf die Person Jesu wird dabei durch eine unmittelbare, gegenüber der zweitausendjährigen Geschichte des Antijudaismus sozusagen »naive« Hermeneutik geschaffen.

So sehr man das Jude-Sein des historischen Jesus und des historischen Paulus unbestritten zur Kenntnis nehmen muß, so sehr sind aber die frühchristlichen Gemeindebildungen, durch die wir an die historischen Personen nur herankommen können, selbst schon von Antijudaismen geprägt. Diese antijüdischen Tendenzen sind auch in modernen Theologien zu beobachten und bis in heutige Verkündigungspraxis hinein zu verfolgen.

[24] AaO. 93.

Sie sind bis jetzt noch nicht hinreichend aufgearbeitet und stellen weiterhin eine Gefahr für jüdisch-christliche Verständigung und Versöhnung dar.
Jesuologien, die die Gemeinsamkeiten von Christentum und Judentum hervorheben wollen, können auf kein gesichertes theologisches Fundament aufbauen, so lange die latenten Antijudaismen in christologischen Bekenntnissen und in der Verabsolutierung des christlichen Anspruchs, *der* Heilsweg zu Gott zu sein, nicht nochmals theologisch überarbeitet und relativiert wird. Dabei wird es eine besondere Schwierigkeit sein, der theologischen Asymetrie im jüdisch-christlichen Verhältnis gerecht zu werden. Diese besteht darin, daß dem »absolute(n) Bekenntnis zu Jesus Christus« als dem einzigen Heilsmittler kein ebenso »absolutes Bekenntnis zur Thora« jüdischerseits entgegensteht[25]. Eine theologische Aufarbeitung der in der Sprache und in den Vorstellungen christlicher Religion implizierten Antijudaismen muß das Faktum der Asymetrien im jüdisch-christlichen Verhältnis mit einbeziehen und die religiösen, theologischen, kulturellen und ethnischen Unterschiede anerkennen. Solange die Anerkennung der spezifischen Eigenart und Gültigkeit des Judentums christlicherseits nicht gewährleistet ist, gerät eine vorschnelle Hervorhebung der theologischen Gemeinsamkeiten in die Gefahr, daß die identitätsstiftenden Eigenheiten des Judentums für das jüdische Volk nivelliert werden. Diese Gefahr wird, geschichtlich betrachtet, um so größer, als der Hang zur Uniformität des Denkens und die Unfähigkeit, das Anderssein des Anderen anzuerkennen oder gar zu wollen, immer noch prägend sind für unsere derzeitige geistig-psychische und kulturell-politische Verfaßtheit in Mitteleuropa. Dies hat der erste Teil dieser Arbeit gezeigt und auch die Analyse von R. Radford Ruether erwiesen.
Vor der Gefahr, daß sich die undurchbrochenen Mechanismen psychisch-geistiger und politisch-kultureller Art weitere Male negativ gegen das jüdische Volk auswirken, bewahrt eine theologische Praxis im sogenannten jüdisch-christlichen Dialog gerade dann nicht, wenn diese sich auf das Feld reiner, theologie-immanenter Forschung zurückzieht. Sie kann nur dann innovatorisch gegen die Wiederholung von Auschwitz angehen, wenn sie ihre Arbeit immer wieder vom Kontext gegenwärtiger und geschichtlich überkommener psychisch-geistiger und politisch-kultureller Verhältnisse her bestimmt und sich in ihn einordnet.

---

[25] Vgl. von der Osten-Sacken, P., aaO. 158. Hier setzt er sich mit der theologischen Bemühung A. H. Baumanns auseinander, der zwar die theologische Koexistenz von christlichem und jüdischem Bekenntnis fordert, dabei aber die spezifische Asymetrie und Eigenart des jüdisch-christlichen Verhältnisses übersieht.

AUSBLICK

1. DIE KOMPLEXITÄT DER »SCHOAH«. VON DER NOTWENDIGKEIT IN DEN BLICK ZU NEHMEN, WAS AUSCHWITZ WIRKLICH BEDEUTET

1.1 Für die Rückkehr zur konkreten Geschichte von Auschwitz. Gegen politische Funktionalisierung und psychologische Klischeebildung

Es ist klar geworden, daß eine Theologie im Dialog zwischen Juden und Christen nur dann zu einer Besserung des Verhältnisses beitragen kann, wenn sie begreift, was Auschwitz bedeutet; und zwar für die Gegenwart wie für die Vergangenheit. Im ersten Teil dieses Buches wurde die kulturelle, politische und psychische Wirklichkeit der »Schoah« in den Blick genommen. Auschwitz droht sich zu wiederholen, solange die kulturell-politischen und die geistesgeschichtlichen Traditionen, die die »Schoah« hervorbrachten, nicht überwunden und bis die psychischen Mechanismen, die sie stützten, nicht bewältigt sind. Daß auch die antijüdischen Traditionen in der Kirche, die den politischen Antisemitismus untermauerten, bis in gegenwärtige Theologie hineinwirken und weitergetragen werden, wenn sich die Theologen der Dialektik ihrer eigenen Sprache nicht bewußt sind, das war Ergebnis des zweiten Teils.

Auschwitz, besser »Haschoah«, die »europäische Katastrophe«, wie C. Ozick sagt; die Katastrophe des aufgeklärten Bürgertums, wie Metz es nennt, bedeutet mehr als nur das geschichtliche Ereignis selbst[1]. Die Traditionen, die Auschwitz hervorbrachten, setzen sich heimlich fort, in anderer Form; das ist eine Komponente.

Die andere Komponente ist die geschichtliche Komplexität der Wirklichkeit von Auschwitz selbst. Sie gerät jedoch erst dann in den Blick, wenn

[1] Ozick, C., in: Heschel, S. (Hg.), On Being a Jewish Feminist. A Reader, New York 1983, 134, zit. nach: Schüssler-Fiorenza, E., aaO. 434.
Vgl. Metz, J. B., G. G. G. . . . aaO. 84.

»Haschoah« nicht nur einer judeozentrischen Betrachtungsweise unterzogen wird. Es klagten vor allem jüdische Gesprächspartner ein, daß die judeozentrische Verkürzung einer Analyse der »Schoah« weder der geschichtlichen Wirklichkeit gerecht wird, noch eine theologisch zureichende Antwort bringen kann[2]. Wird Auschwitz nur zum Symbol »für das Grauen des millionenfachen Mordes am jüdischen Volk«, so ist damit der Gefahr Vorschub geleistet, daß man jüdischen Opfer, derer man sich heute – wenn auch nur oberflächlich – besinnt, gegen die ermordeten Intellektuellen, Kommunisten, »Proletarier«, Prostituierten, »Zigeuner«, Polen ... ausspielt. So konnte sich z. B. die Kommunistenfeindlichkeit unhinterfragt bis heute durchsetzen. Der Zusammenhang mit Auschwitz wird in diesem Fall nicht gerne wahrgenommen[3].
Auschwitz ist die Wirklichkeit der Opfer; jede Sinndeutung ist hier fehl am Platze. Auschwitz ist die Wirklichkeit der Mörder und derer, die unfähig waren zu Handeln und heute unfähig sind, sich zu erinnern und zu trauern. Den Wegen nachzuspüren, auf denen die Toten zu Opfern wurden, tut hier not. Dabei geht es um die Aufarbeitung und Aneignung von Geschichte, um Aneignung von Schuld und dem, was J. B. Metz »Katastrophenbewußtsein« nennt[4]. Das gelingt jedoch, wie A. u. M. Mitscherlich, A. Lorenzer, J. B. Metz und R. Radford Ruether zeigten, nur im Rückgang auf die konkrete Geschichte. Die Notwendigkeit von Aufarbeitung und Aneignung betrifft ebenso die konkrete Geschichte der Entstehung des christlichen Antijudaismus als Wurzel des Antisemitismus. In diesem Zusammenhang geht sie besonders die Stellung der Kirchen im Nationalsozialismus an.
Die Rückkehr zur konkreten, komplexen Wirklichkeit der nationalsozialistischen Epoche[5] verhindert, daß Auschwitz zum »Klischee« wird im Sinne A. Lorenzers, zum »Symbol« im Sinne C. Ozicks[6]. Die Kritik gegen

---

[2] Vgl. erster Teil dieser Arbeit, 1.4, hervorzuheben ist dort die Kritik G. B. Ginzels an jüdisch-theologischen Antworten, denen das Modell von Sünde und Strafe zugrunde liegt; ebenso das Verantwortungsmodell, dargestellt in 1.4.5.

[3] Zur Auswechselbarkeit des Mythos über die Juden, die Hexen, die Kommunisten vgl. Radford Ruether, R., Frauen für eine neue Gesellschaft, München 1979, 123; vgl. ebenso Theweleit, K., Männerphantasien, aaO.

[4] Metz, J. B., G. G. G. ... aaO. 84, 89, 150, 155ff.

[5] Das, was der Begriff »Epoche« in seiner Komplexität meint, formuliert P. Freire: »Eine Epoche wird von einem Komplex von Ideen, Konzepten, Hoffnungen, Zweifeln, Werten und Herausforderungen gekennzeichnet, die dialektisch mit ihrem jeweiligen Gegenteil verkehren und so nach dem Ganzen streben«, in: Freire, P., Pädagogik der Unterdrückten, Frankfurt 1980, 84.

[6] Zum Begriff »Klischee« vgl. Lorenzer, A., aaO. 106ff; zum Begriff »Symbol«, im Sinne C. Ozicks negativ gebraucht, vgl. Ozick, C., aaO.

Auschwitz als Symbol bezieht sich erstens auf den nochmaligen Erfahrungsverlust durch die Vereinfachung und Ästhetisierung der geschichtlichen Wirklichkeit im Begriff. Zweitens richtet sie sich gegen eine Verzwekkung des Begriffs »Auschwitz« für alle möglichen politischen, persönlichen und religiösen Interessen. Die Wiedergewinnung der konkreten Geschichte und ihrer politisch-kulturellen und geistig-psychischen wie theologischen Dimensionen ist die Voraussetzung dafür, daß eine Wiederholung dieser Unmenschlichkeit in ihren Ansätzen erkannt werden kann. Energie, die bisher noch in die Verdrängung von Geschichte und Wirklichkeit fließt, wäre möglicherweise dann freigesetzt für echten Widerstand gegen lebensbedrohende Verhältnisse.

1.2 Zur Bestimmung des konkreten Kontextes von christlich-jüdischer Weltverantwortung

Es waren gerade Juden, die auf die Verantwortung verwiesen, die für Juden und Christen aus den Erfahrungen mit »Haschoah« erwachsen. K.-H. Schneider hatte die theologisch-praktische Herausforderung von jüdischer Seite so formuliert: »Wenn wir Juden zwar mit dem Leiden rechnen, so haben wir andererseits, in der übrigen Welt Staatsbürger, heute die Chance zu einer neuzeitlichen weltlichen Aufarbeitung der Botschaft unseres Volkes.«[7]

Auf christlicher Seite sind es vor allem die politischen Theologen, die Befreiungstheologen und die feministischen Theologinnen, die die Notwendigkeit einer Rückkehr zur konkreten Geschichte erkannten, damit Theologie nicht mehr »subjektlos« und auf Kosten derer betrieben wird, die unter den Institutionen, unter etabliertem Denken, unter politischer, wirtschaftlicher, rassistischer und sozialer Diskriminierung oder unter den sexistischen Beziehungsverhältnissen gegenwärtig leiden und umgekommen sind. Die Forderung, die sich aus der Erinnerung an die Erfahrungen in der »Schoah« an jüdische und christliche Theologie ergibt, benennt E. Schüssler-Fiorenza:

»Die weiße christliche und jüdische Theologie (muß) sich die Förderung der vollen Menschlichkeit aller nichtwestlichen Völker angelegen sein lassen und gleichzeitig gegen allen Rassismus, wo auch immer er am Werk sein mag, kämpfen. Kurzum: Die Erinnerung an den Holocaust muß zu einem Bruch mit allen Formen westlicher patriarchalischer Theologie führen.

---

[7] Schneider, K., aaO.

Wenn das Vermächtnis der Toten nicht unwirksam gemacht werden soll.«[8] Dieses Zitat impliziert, daß sich Theologen immer wieder vergewissern müssen, in welchem Kontext sie arbeiten und welche Vorleistungen für Unrechtsstrukturen sie in ihrer Sprache weitertransportieren. Im Bezug auf jüdisch-christliche Theologie in Deutschland bedeutet das, auf die Erfahrungen von Juden in der deutschen Geschichte und in Deutschland heute zu antworten. Der schleichende Antisemitismus, aber auch die gegenwärtige Ausländer- und Kommunistenfeindlichkeit gehörten in die gleiche Kontextbestimmung. Theologie im christlich-jüdischen Gespräch sähe sich auch dort herausgefordert, wo die Methoden nationalsozialistischer Diktatur und die Folterpraxis in den KZs von NS-Verbrechern in Länder der Dritten Welt exportiert worden sind, vor allem nach Lateinamerika.[9] In den Bereich gemeinsam wahrgenommener Weltverantwortung fiele ebenso die fundamentaltheologische Reflexion auf die Stellung der Bundesrepublik im Nord-Süd- und Ost-West-Konflikt.

2. PERSPEKTIVEN FEMINISTISCHER THEOLOGIE ALS CHANCE ZUR ÜBERWINDUNG DES CHRISTLICHEN ANTIJUDAISMUS

2.1 Zu den sozialen und politischen Konnotationen des dualistischen Denkens im Christentum

Weitere Traditionen des Antisemitismus und der nationalsozialistischen Ideologie sind der Biologismus, der den Rassismus untermauerte und der sich gegen Frauen in Form des Sexismus richtete[1]. Es ist vor allem die feministische Theologie, die für den komplexen Zusammenhang von öffentlichem Bewußtsein, von Ideologie und Theorie einerseits mit den vielfältigen Unterdrückungsverhältnissen politischer und persönlicher Art andererseits eine Analyse zur Verfügung stellt.

R. Radford Ruether, E. Schüssler-Fiorenza und L. Siegele-Wenschkewitz sind nur einige der Theologinnen, die sich um eine solche Analyse bemühen; M. Daly, ehemals Theologin, arbeitet in dem gleichen Zusammenhang.

---

[8] Schüssler-Fiorenza, E., aaO. 435.

[9] Das Buch von Weber, G., ›Krauts‹ erobern die Welt, Hamburg 1984, gibt einen aufschlußreichen Einblick in den Verbleib und die Integration ehemaliger NS-Funktionäre vor allem in lateinamerikanischen Ländern; vgl. auch Arendt, H., Eichmann in Jerusalem. Ein Bericht von der Banalität des Bösen, Reinbek 1978.

[1] Frauen unterm Hakenkreuz, Berlin 1983.

Ihre Namen sind in dieser Arbeit bereits mit entscheidenden Analysebeiträgen zum innerkirchlichen Antijudaismus und zu dem ihn hervorbringenden dualistischen Denken in der Theologie verbunden. Juden und Frauen sind einer ähnlichen Dialektik im kirchlichen Identitätsfindungsprozeß zum Opfer gefallen. So verschiedenartig und eigenständig der Antisemitismus, Rassismus und Sexismus sind, »diese Strömungen [zeichnen sich nach R. R. Ruether] durch eine ihnen zugrundeliegende vergleichbare Psychologie aus, deren charakteristische Ursprünge im christlichen Selbstbild wurzeln«[2].
Wenn Wahrheit mit neuem Bund, Immaterialität, Oben, Ordnung und Geist, schließlich mit der Kirche als geschichtlicher Gestalt der erfüllten Messianität und mit Männlichkeit identifiziert wurde[3], so wurde Unwahrheit mit altem Bund, Materialität, Unten, Chaos und Natur, schließlich mit Judentum als geschichtlicher Gestalt und mit Frau-Sein gleichgesetzt. Aus dieser Dichotomie leiteten sich Legitimationen von Herrschaftsverhältnissen ab, wie R. Radford Ruether nachwies. Die »Unterlegenheit« von Juden, von fremden ethnischen Gruppen, von Frauen und von Natur rechtfertigte ideologisch die Verfolgung von Frauen, die sich nicht in das nationalsozialistische Bild der »arisch reinen Frau«, theologiegeschichtlich in das Bild der »Maria«, der »Mutter« oder der »Jungfrau« pressen ließen. Interessant sind die Untersuchungen zu den Hexen- und Judenverfolgungen in der Zeit der Inquisition. Elemente des Mythos über »die Juden« und über »die Hexen« decken sich dort.
R. Radford Ruether stellt in Anlehnung an die Untersuchungen H. R. Trevor-Roper, J. Trachtenberg, H. Goldberg und N. Cohn einige Parallelen zusammen: Die Figuren der Hexe und des Juden »fungierten ... als alternative Symbole einer dämonischen Zerrüttung des Christentums. Das Bild des Juden als einem Verbündeten des Teufels entsprach in vielfältiger Weise dem der Hexe. Auch der Jude galt schließlich als Hexer, der dem von der Kirche vertretenen Glauben den Gehorsam verweigert und Gott lästert ... Wie die Hexe stahl der Jude angeblich das Abendmahl und karikierte andere katholische Rituale in gotteslästerlicher Weise«[4].
Zwei Beobachtungen verbinden diese Untersuchungsergebnisse mit den Analysen von Th. W. Adorno und M. Horkheimer. Zum einen ist festzustellen, daß sich die Mythen mischen oder auswechseln lassen. Prozeßakten und Berichte zur Hexenverfolgung machen die Willkür, der die Frauen zum

[2] Vgl. Schüssler-Fiorenza, E., aaO. 433.
[3] Vgl. Radford Ruether, R., Frauen für ... aaO. 101ff.
[4] AaO. 120f, vgl. auch Anm. 125–128. Zum Zusammenhang von kirchlichem Antijudaismus und politischem Antisemitismus vgl. besonders 122f.

Opfer fielen, offenkundig[5]. Zum anderen wird der Mythos auch hier durch den konkreten Erfahrungsverlust untermauert. An die Stelle von realen Begegnungen treten Wahnvorstellungen, durch die sich der Verfolger im Zustand des Verfolgten wähnt[6].

Beide, der Mythos von »dem Juden« und der Mythos von »der Frau« stabilisieren so die verzerrte und idealisierte Selbstwahrnehmung der jeweils Herrschenden. Zu Lasten derer, die als »unten« gelten, baut sich das öffentliche Bewußtsein auf. Die zerstörten und gestörten Beziehungen zwischen Männern und Frauen erscheinen der feministischen Theologie als Spiegelbild politischer Strukturen, und umgekehrt. Kennzeichnend auch für die Beziehungen zu Frauen ist, daß der Mythos über »die Frau« und nicht die Erfahrung von ihr vorherrscht. Sie ist sozusagen der abgespaltene Teil des herrschenden, männlichen Ich-Ideals in der Gesellschaft. Der Mythos, dessen Wirkung die Frau sich selbst kaum entziehen kann, verkörpert diejenigen Eigenschaften, die Männer nicht haben dürfen. Wegen dieser Eigenschaften werden Frauen zugleich gebraucht und verachtet.

R. Radford Ruether hat die Vermutung nahegelegt, daß das dialektische Verhältnis von Sprache und Denkformen einerseits und von sozialen, konkreten Machtverhältnissen andererseits ein Schlüssel zur komplexen Struktur gesellschaftlicher Wirklichkeit ist. Sie arbeitete heraus, daß die Projektionsmechanismen und die dualistische Denktradition sowie der Anspruch auf Universalität und Wahrheit sowohl Grundlage für den innerchristlichen Antijudaismus als auch für den christlichen Sexismus[7] sind. Beide Unterdrückungsformen haben ihren Ursprung dort, wo sich die griechisch-dualistische Trennung von Geist und Materie[8] mit dem jüdischen, messianischen Dualismus[9] verbinden. Die schon unter 2.3 des zweiten Teils dieses Buches dargestellte Entwicklung des Herrschaftswissens und Besitzanspruches im Christentum führt auch im Verhältnis der Kirche

[5] Zur Form und Durchführung der Hexen- und Ketzerprozesse haben M. van Bürk und N. Ophale eine ausführliche Hausarbeit bei Prof. Dr. E. Iserloh angefertigt und im Eigendruck veröffentlicht, erhältlich über die AGG Bonn.

[6] Vgl. Radford Ruether, R., aaO. 120.

[7] Zum Begriff »Sexismus«. Er bezeichnet die Unterdrückung einer Menschengruppe aufgrund ihrer Geschlechtszugehörigkeit; es ist ein analytischer Begriff zur Beschreibung politischer und persönlicher Verhältnisse.

[8] Dieser Dualismus findet sich vor allem bei Aristoteles, dessen Philosophie von Th. v. Aquin rezipiert wurde. In diesem Zusammenhang vgl. Schüssler-Fiorenza, E., aaO. 434; Radford Ruether, R., Sexismus und Reden von Gott, in: Duelli-Klein, R./Nerad, M./Metz-Göckel, S. (Hg.), Feministische Wissenschaft und Frauenstudium, Hamburg 1982, 222, vgl. auch Anm. 4.

[9] Vgl. Radford Ruether, R., Nächstenliebe . . . aaO. 93; vgl. auch Kapitel 2.3 des zweiten Teils dieser Arbeit.

zu den Frauen zur Zerstörung der messianischen Hoffnung auf eine Erlösung der ganzen Welt und auf eine Befreiung des ganzen Menschen als Leib-Seele-Einheit. Da die Kirche zumindest objektiv als Institution die Vollendung der Erlösung durch Christus repräsentierte, wurde alles, was die Erfahrung von der noch nicht vollkommenen Erlöstheit der Menschen verursachte, nach außen projiziert, auf Gruppen wie die Juden und die Frauen, die das Fleischliche, damit das Naturhafte, Verwerfliche, Sexuelle repräsentieren sollten. Die menschliche Existenz, die aus der Einheit von Seele und Leib besteht, wurde gespalten, anstatt daß man »Katastrophen in Gesellschaft und Natur«, wie im Judentum zum Anlaß nahm, kirchlicherseits Selbstkritik zu üben[10].

Eine solche Selbstkritik, so fordert R. Radford Ruether in der Kritik des Antijudaismus und des innerchristlichen Sexismus, dürfe nicht nur zum Anlaß für Randkorrekturen genommen werden, sondern betreffe die Mitte christlicher Grundbegriffe selbst. Es reiche nicht aus, die Judenfreundlichkeit des Paulus zu konstatieren und kontrafaktisch einen jüdisch-christlichen Gott zu postulieren, wenn die Begriffe und Argumentationsstrukturen in der paulinischen Theologie und das Gottesbild des Christentums immer gegen das Judentum und die Juden verwendet wurden.

Hinsichtlich der Geschichte der Unterdrückung der Frauen und ihrer Religiösität reiche es ebenso nicht aus, von Gott nun auch als der »Mutter« zu sprechen. Vielmehr stelle sich die Frage, ob die Kirche bereit sei, sich einzulassen auf die Eigenständigkeit und Eigenartigkeit des Gottesbildes der Frauen und der Juden. Ob es wirklich dasselbe Gottesbild ist, an dem Christinnen, Jüdinnen, Juden und Christen sich orientieren, d. h. ob die Konnotationen wirklich die gleichen sind, ist noch nicht beantwortet.

Die Auseinandersetzung mit den verdrängten Traditionen des Judentums und der Frauen im Christentum verfehlt den Sinn tatsächlicher Ökumene, wenn sie auf eine Elimination der jüdischen Elemente und der Frauen durch die bestehenden christlichen Denktraditionen hinausliefe[11]. Vielmehr vollzieht sich im Einlassen auf diese verdrängten Traditionen eine Veränderung des christlichen Selbstverständnisses.

Die Rückkehr zu den verdrängten Traditionen, auch zur verdrängten Schuldgeschichte, kann nach R. Radford Ruether einen Prozeß einleiten, in dem »die Wurzeln einer alternativen Christuslehre«[12] wiederentdeckt werden könnten. »Es ist ... der Prozeß der Erschaffung einer neuen Mensch-

[10] Dies., Frauen für ... aaO. 125.
[11] Vgl. dies., Sexismus ... aaO. 232.
[12] AaO. 226.

heit, einer Ganzheit in Gegenseitigkeit. Jesus ist nicht der Herr der Christenheit, sondern der gekreuzigte, zerschmetterte Beginn dieser Alternative, die uns noch weit voraus ist und gegen ihren ständigen Verrat Zeugnis ablegt«[13].

Nach R. Radford Ruether ist die Hoffnung auf den neuen Menschen und die neue Erde nur praktisch zu rechtfertigen. In einer solchen Praxis gesteht man sich die »Unvollständigkeit der menschlichen Erlösung« ein, gerade angesichts von Auschwitz. Theologie als Prozeß der Erschaffung einer neuen Menschheit, einer Ganzheit in Gegenseitigkeit zielt auf solidarisches Handeln. Sie »verlangt nicht nur ein verändertes Bewußtsein, sondern eine Veränderung tatsächlicher Machtrollen ...«[14].

Theologie im jüdisch-christlichen Dialog, wie sie sich in der Bundesrepublik finden läßt, muß, wenn sie sich der gemeinsamen Weltverantwortung verpflichtet weiß und verhindern will, daß Hitler posthum noch einmal ein Sieg zugespielt wird, komplex, geschichtlich konkret und praktisch ansetzen. Krisen, Gefahren und Unterdrückungsverhältnisse in Gegenwart und Vergangenheit können demnach keine auswechselbaren Gegenstände theologischer Reflexion sein, die nur der rechten Interpretation bedürfen. Sie müssen als reale Krisen wahrgenommen werden und bedrohen als solche auch den Prozeß jüdisch-christlicher Verständigung.

An einen Christen, sofern er deutscher Staatsbürger ist, stellt sich nun die Frage, welche Bedeutung es haben wird, die durch das gegenwärtig öffentliche Bewußtsein verdrängte Geschichte deutscher Juden, Jüdinnen, Christinnen, Kommunisten und Sozialisten – und in ganz anderer Weise aber auch die Geschichte deutscher Nationalsozialisten – zu erinnern. Geschärftes Bewußtsein für auch gegenwärtige Unterdrückungsverhältnisse wird nicht ausbleiben können. Die Voraussetzung für ein solches Geschichtsbewußtsein ist, daß der Zusammenhang von privater und politischer bzw. öffentlicher Geschichte nicht auseinanderfällt.

---

[13] Ebd., die Ähnlichkeit zum Theologiebegriff der Befreiungstheologen wird deutlich im Vergleich zu Sobrino, J., Theologisches Erkennen in der europäischen und der lateinamerikanischen Theologie, in: Rahner, K., u. a. (Hg.), Befreiende Theologie, Stuttgart–Berlin–Köln–Mainz 1977, 135. Hier spricht Sobrino von der Theologie als Weg.

[14] AaO. 233f.

EIN PERSÖNLICHES NACHWORT

Das Gefühl der Vorläufigkeit dieser Arbeit führe ich darauf zurück, daß sie sowohl Ergebnis eines Prozesses ist als auch Zeugnis ablegt für einen Prozeß, den ich in dieser Arbeit nicht abschließen konnte. Sie stellt einerseits das Resultat der Auseinandersetzung mit der Problematik des christlich-jüdischen Verhältnisses dar, zu der ich mich persönlich und inhaltlich herausgefordert fühlte. Als weiße, europäische, deutsche Christin mit einem jüdisch klingenden Namen war ich von den Anliegen der christlich-jüdischen Verständigung betroffen. Die Auswirkungen der »Schoah« stehen mir in der Vergangenheit und Gegenwart meiner Familie vor Augen.
Andererseits ließ mich die Auseinandersetzung mit der Weise, wie im jüdisch-christlichen Dialog versucht wird, auf Auschwitz zu antworten, darauf aufmerksam werden, daß die Wurzeln des Antisemitismus in der Vergangenheit und der Gegenwart noch nicht hinreichend erkannt sind und von daher gar nicht bewältigt worden sein können. Dabei war die Erkenntnis wichtig, daß die der jüdisch-christlichen Verständigung von »innen« drohenden Gefahren symptomatisch auf konkretes gelebtes Bewußtsein im Nachkriegsdeutschland überhaupt zutreffen: Es ist die geistig-kulturell, theologisch-religiös und politisch-sozial überkommene Weise, mit Fremden, mit Konflikten, mit sich selbst, mit Schuld und mit der eigenen und konkreten Geschichte umzugehen.
Nach m. E. bedarf es einer Theologie, die auf die komplexe und konkrete Situation in Deutschland antwortet, ausgehend von einer phänomenologischen Betrachtung und einer kritischen Analyse der Gegenwart und der Vergangenheit, in der das heutige Leben verwurzelt ist. Ich sähe die Aufgaben einer solchen Theologie darin, daß sie den sozialen und emotionalen Konnotationen der Begriffe in unserer Geistesgeschichte nachspürt. Ihren Ausgangspunkt setzte ich dort an, wo sie, ausgehend von den verschütteten Potentialen in den Lebensgeschichten unserer Vorfahren und in unseren eigenen Biographien, geistesgegenwärtig und praktisch Alternativen zum Gegenwärtigen erarbeitete.
An dieser Stelle möchte ich allen danken, die direkt und indirekt mit Anregungen, Kritik und seelischem Beistand an der Entstehung dieser

Arbeit beteiligt waren. Mein Dank gilt besonders meinen Lehrern Professor Dr. Dr. Johann Baptist Metz und Akademischem Oberrat Dr. Tiemo Rainer Peters, ohne deren Initiative diese Arbeit nicht als Buch erschienen wäre, sowie der Zentrale für politische Bildung, die mir in großem Umfang finanzielle Unterstützung gewährt hat.

LITERATURVERZEICHNIS

Adorno, Th. W./Horkheimer, M., Dialektik der Aufklärung, Frankfurt [9]1982

–, Erziehung nach Auschwitz, in: ders., Stichworte, Frankfurt 1969, 92–110

Amir, Y., Jüdisch-theologische Positionen nach Auschwitz, in: Ginzel, G. B. (Hg.), Auschwitz als Herausforderung für Juden und Christen, Heidelberg 1980, 439–455

Ansprache des Papstes über die Beziehung zum Judentum, in: Judaica. Beiträge zum Verständnis des jüdischen Schicksals in Vergangenheit und Gegenwart, 38. Jg., Juni 1982, Heft 2, 115–117

Arendt, H., Eichmann in Jerusalem. Ein Bericht von der Banalität des Bösen, Reinbek 1978

–, Rahel Varnhagen. Lebensgeschichte einer deutschen Jüdin aus der Romantik, München [3]1981

Baum, G., Einleitung, in: Radford Ruether, R., Nächstenliebe und Brudermord: die theologischen Wurzeln des Antisemitismus, München 1978, 9–29

Becker, K. E./Popitz, P./Schreiner, H.-P. (Hg.), Juden in Deutschland 1983 – integriert oder diskriminiert?, Landau 1983

Beckmann, J. (Hg.), Kirchliches Jahrbuch für die evangelische Kirche in Deutschland 1945–1948, 1950

Ben-Chorin, S., Bruder Jesus. Der Nazarener in jüdischer Sicht, München [3]1981

Benjamin, W., Über den Begriff der Geschichte, in: Schweppenhäuser, H./Tiedemann, R. (Hg.), Gesammelte Schriften Bd. I.2, Frankfurt 1974, 691–702

Berkovits, E., Faith after the Holocaust, New York 1973

–, Das Verbergen Gottes, in: Brocke, M./Jochum, H. (Hg.), Wolkensäule und Feuerschein. Jüdische Theologie des Holocaust, München 1982, 43–73

Blankerts, H., Theorien und Modelle der Didaktik, München [11]1980

Brocke, E., Der Holocaust ein Wendepunkt?, in: Klappert, B./Starck, H. (Hg.), Umkehr und Erneuerung. Erläuterungen zum Synodenbeschluß der Rheinischen Landessynode 1980, Neukirchen–Vluyn 1980, 101–110

Brocke, M./Jochum, H. (Hg.), Wolkensäule und Feuerschein. Jüdische Theologie des Holocaust, München 1982

Dean, L., Christentum aus jüdischer Sicht. Jüdische theologische Gründe für ein Gespräch mit dem Christentum, unveröffentlichtes, vervielfältigtes Vortragsskript, erhältlich über: Lester Dean, Temple University, Philadelphia Pa. 19122

Deutscher Koordinierungsrat der Gesellschaften für christlich-jüdische Zusammenarbeit e. V., Jüdisches Erbe in Deutschland – Botschaft und Herausforderung, Arbeitshilfen 1984, Frankfurt 1984

Eckert, W. P./Henrix, H. H. (Hg.), Jesu Jude-Sein als Zugang zum Judentum, Aachen 1976

Ehrlich, E. L., Eine jüdische Auffassung von Jesus, in: Eckert, W. P./Henrix, H. H. (Hg.), Jesu Jude-Sein als Zugang zum Judentum, Aachen 1976, 35–50

–, Abschied von der Judenmission, Antwort auf Arnulf Baumann, in: Judaica, Beiträge zum

Verständnis des jüdischen Schicksals in Vergangenheit und Gegenwart, 38. Jg., März 1982, 14–42
Encyclopaedia Judaica, 1.–3. Ergänzungsband 1973 (events of 1972)
Epple, E.-M., Als Jüdin in Deutschland. Hast Du gehört, was ich nicht gesagt habe ..., in: Courage, aktuelle Frauenzeitung, 7. Jg., November 1982, Heft 11, 13
Fackenheim, E. L., God's Presence in History, New York 1974
–, The Jewish Return into History, New York 1978
–, Die gebietende Stimme von Auschwitz, in: Brocke, M./ Jochum, H. (Hg.), Wolkensäule und Feuerschein. Jüdische Theologie des Holocaust, München 1982, 73–111
Fleischmann, L., Dies ist nicht mein Land. Eine Jüdin verläßt die Bundesrepublik, Hamburg 1980
Fleischner, E. (Ed.), Auschwitz, Beginning of a new Era? Reflections on the Holocaust, New York 1977
Flusser, D., Bemerkungen eines Juden zur christlichen Theologie des Judentums, in: Thoma, C., Christliche Theologie des Judentums, Aschaffenburg 1978, 6–32
–, Bemerkungen eines Juden zur christlichen Theologie, München 1984
Freire, P., Pädagogik der Unterdrückten, Frankfurt 1980
Freund, W. S., Deutsche und Juden: Fremdheit oder Nähe der Lebensgefühle?, in: Becker, K. E./Popitz, P./Schreiner, H.-P. (Hg.), Juden in Deutschland 1983 – integriert oder diskriminiert?, Landau 1983
Ginzel, Günther Bernd
–, (Hg.), Auschwitz als Herausforderung für Juden und Christen, Heidelberg 1980
–, Vom Judenhaß zum Christenhaß, in: ders. Hitlers Ur-Enkel. Neonazis: ihre Ideologien und Aktionen, Düsseldorf 1. Aufl. 1981
–, Suche den Frieden und jage ihm nach. Zum Schalom in der Hebräischen Bibel. In: Deile, V. (Hg.) Zumutungen des Friedens. Kurt Scharf zum 80. Geburtstag, Hamburg 1982
–, Martin Luther: »Kronzeuge des Antisemitismus«, in: Kremes, u. a. (Hg.) Die Juden und Martin Luther – Martin Luther und die Juden. Neukirchen-Vluyn 1985
–, Die Bergpredigt: jüdisches und christliches Glaubensdokument. Eine Synopse der Texte, Heidelberg 1985
–, u. a., Mit Hängemaul und Nasenzinken. Erziehung zur Unmenschlichkeit, Düsseldorf 1984
–, Jüdischer Alltag in Deutschland 1933–1945, Düsseldorf 1984
–, Antisemitismus in Deutschland heute. Versuch einer Bestandsaufnahme, in: Silbermann, A./Schoeps, J. H. (Hg.) Antisemitismus nach dem Holocaust, Köln 1986
–, Antisemitismus: Erscheinungsformen und Motive des Judenhasses gestern und heute. Ein Sammelwerk, Heidelberg 1986
Greenberg, I., Cloud of Smoke, Pillar of Fire. Judaism, Christianity and Modernity after the Holocaust, in: Fleischner, E. (Ed.), Auschwitz, Beginning of a new Era? Reflections on the Holocaust, New York 1977, 40–41
–, Augenblicke des Glaubens, in: Brocke, M./Jochum, H. (Hg.), Wolkensäule und Feuerschein. Jüdische Theologie des Holocaust, München 1982, 136–178
Greive, H., Theologie und Ideologie, Katholizismus und Judentum in Deutschland und Österreich 1918–1935, Heidelberg 1969
Hartom, I. M., »unserer Sünden wegen ...«, in: Brocke, M./Jochum, H. (Hg.), Wolkensäule und Feuerschein. Jüdische Theologie des Holocaust, München 1982, 20–27
Heschel, S. (Hg.), On Being a Jewish Feminist. A Reader, New York 1983
Internationales Auschwitz Komitee (Hg.), Unmenschliche Medizin. Anthologie, Bd. I, Warschau 1969

–, In der Hölle retteten sie die Würde des Menschen, Bd. II, Warschau 1970
Jochum, H., Juden und Christen – Volk Gottes. Sachaspekte zu einer Unterrichtsreihe für die Sekundarstufe II, in: Katechetische Blätter. Zeitschrift für Religionsunterricht, Gemeindekatechese, kirchliche Jugendarbeit, 105. Jg., 1980, Heft 11, 881–889
Klappert, B., Die Juden in einer christlichen Theologie nach Auschwitz, in: Ginzel, G. B. (Hg.), Auschwitz als Herausforderung für Juden und Christen, Heidelberg 1980, 481–513
–,/Starck, H. (Hg.), Umkehr und Erneuerung. Erläuterungen zum Synodenbeschluß der Rheinischen Landessynode 1980, Neukirchen–Vluyn 1980, darin:
–, Die Wurzel trägt dich, 23–55
–, Jesus Christus zwischen Juden und Christen, 138–167
König, Kardinal, Franz, Ansprache in Wien vom 20. 11. 1978, in: Freiburger Rundbrief. Beiträge zur christlich-jüdischen Begegnung, Jg. XXX, (1978), Nr. 113/116, 16–19
Kogon, E./Metz, J. B. (Hg.), Gott nach Auschwitz. Dimensionen des Massenmords am jüdischen Volk, Freiburg 1979
Laing, R. D., Phänomenologie der Erfahrung, Frankfurt 1969
Lamm, H., Juden in Deutschland heute, in: Becker, K. E./Popitz, P./Schreiner, H.-P. (Hg.), Juden in Deutschland 1983 – integriert oder diskriminiert?, Landau 1983
Lapide, P., Juden und Deutsche – Zweitüberlegungen nach 40 Jahren, in: Becker, K. E./Popitz, P./Schreiner, H.-P. (Hg.), Juden in Deutschland 1983 – integriert oder diskriminiert?, Landau 1983
–, Kirchenkampf und Völkermord, Deutsches Pfarrerblatt 1975, 793 ff
–, Der Messias Israels?, in: Klappert, B./Starck, H. (Hg.), Umkehr und Erneuerung. Erläuterungen zum Synodenbeschluß der Rheinischen Landessynode 1980, Neukirchen–Vluyn 1980, 236–247
Levinson, N. P., Antwort und Anfrage, in: Klappert, B./Starck, H. (Hg.), Umkehr und Erneuerung. Erläuterungen zum Synodenbeschluß der Rheinischen Landessynode 1980, Neukirchen–Vluyn 1980, 231–236
–, Ein mutiger Schritt. Zur Erklärung der Landessynode der evangelischen Kirche in Baden vom 3. Mai 1984, in: Jüdische Allgemeine vom 18. Mai 1984, Nr. XXXIX/20, 3
–, Die Antwort auf Verfolgung und Leid. Zum Neujahrsfest 5745, in: Jüdische Allgemeine vom 21. September 1984, Nr. XXXIX/38, 2
Littell, F./Locke, H. G. (Hg.), The German Church-Struggle and the Holocaust, Detroit 1984
Lorenzer, A., Sprachzerstörung und Rekonstruktion, Frankfurt ²1976
Maier, J./Schäfer, P., Kleines Lexikon des Judentums, Stuttgart 1981
Metz, J. B., Glaube in Geschichte und Gesellschaft, Mainz 1977
–, Jenseits bürgerlicher Religion, Mainz 1980
–,/Heer, F./Beckmann, J./Amir, Y./Ginzel, G. B., Glaube und Widerstand nach Auschwitz, in: Ginzel, G. B. (Hg.), Auschwitz als Herausforderung für Juden und Christen, Heidelberg 1980, 185 ff
–, Im Angesichte der Juden. Theologie nach Auschwitz, in: Concilium. Internationale Zeitschrift für Theologie, 20. Jg., Oktober 1984, Heft 5, 382–389
Mies, M., Methodische Postulate zur Frauenforschung, in: Beiträge zur feministischen Theorie und Praxis 1, München 1979
Mitscherlich, A. u. M., Die Unfähigkeit zu trauern, München ⁹1973
Mußner, F., Traktat über die Juden, München 1979
Mulack, C., Die Weiblichkeit Gottes. Matriarchale Voraussetzungen des Gottesbildes, Stuttgart 1983

Niethhammer, L., Lebenserfahrung und kollektives Gedächtnis. Die Praxis der »Oral History«, Frankfurt 1971
»Nostra aetate«, Richtlinien und Hinweise für die Durchführung (1975), in: Freiburger Rundbrief. Beiträge zur christlich-jüdischen Begegnung, Jg. XXXVI (1974), Nr. 97/100, 3–5
Oesterreicher, J., Die Wiederentdeckung des Judentums durch die Kirche, Meitingen 1971
von der Osten-Sacken, P., Nachwort: Von der Notwendigkeit theologischen Besitzverzichts, in: Radford Ruether, R., Nächstenliebe und Brudermord: die theologischen Wurzeln des Antisemitismus, München 1978, 244–254
–, Grundzüge einer Theologie im christlich-jüdischen Gespräch, München 1982
–, Zum Geleit: »Jesus nicht Caesar!«, in: Flusser, D., Bemerkungen eines Juden zur christlichen Theologie, München 1984
Parnass, P., Eindrücke und Gefühle, in: Becker, K. E./Popitz, P./Schreiner, H.-P. (Hg.), Juden in Deutschland 1983 – integriert oder diskriminiert?, Landau 1983, 137–147
–, Unter die Haut, Berlin 1983
Pelinka, A., Die Wurzeln des Nationalsozialismus in Vergangenheit und Gegenwart, in: Frankfurter Hefte, 38. Jg., Heft 8, August 1983, 32–40
Petuchowski, J. J., Die messianische Dialektik im Judentum, in: Sonderdruck aus Kairos, Zeitschrift für Religionswissenschaften und Theologie, Jg. XXIII, 1981, Heft 1–2, 66–74
–, Zum Geleit, in: Oesterreicher, J., Die Wiederentdeckung des Judentums durch die Kirche, Meitingen 1971
–, Judaism in Christian Theological Education, in: Studies in Hope, Harvard Divinity Bulletin, April–May 1984, 10–11
Peukert, H., Wissenschaftstheorie, Handlungstheorie, fundamentale Theologie, Düsseldorf 1978
Radford Ruether, R., Faith and Fraticide. The Theological Roots of Antisemitism, New York 1974, deutsch: Nächstenliebe und Brudermord: die theologischen Wurzeln des Antisemitismus, München 1978
–, New Woman. New Earth. Sexist Ideologies and Human Liberation, New York 1975, deutsch: Frauen für eine neue Gesellschaft: Frauenbewegung und menschliche Befreiung, München 1979
–, Sexism and Godtalk, in: Hiller, D./Scheels, R. A., Women's Studies, Cincinnati 1976, 409–425, deutsch: Sexismus und Reden von Gott, in: Duelli-Klein, R./Nerad, M./Metz-Göckel, S. (Hg.), Feministische Wissenschaft und Frauenstudium, Hamburg 1982, 210–235
Rahner, K., Grundkurs des Glaubens, München 1976
–,/u. a. (Hg.), Befreiende Theologie, Stuttgart–Berlin–Köln–Mainz 1977
Rendtorff, R. (Hg.), Christen und Juden. Zur Studie des Rates der evangelischen Kirche in Deutschland, Gütersloh ^{2}1980
Richarz, M., Jüdisches Leben in Deutschland, Stuttgart 1979
Rosenberg, B./Zurmühl, S., Als Jüdin in Deutschland. Es gibt viele Gründe zu gehen – es gibt auch viele Gründe zu bleiben, in: Courage, aktuelle Frauenzeitung, 7. Jg., November 1982, Heft 11, 14–19
Rosenzweig, R., Solidarität mit den Leidenden im Judentum, Berlin–New York 1977
Rubenstein, R. L., After Auschwitz. Radical Theology and Contemporary Judaism, Indianapolis 1966
–, Der Tod Gottes, in: Brocke, M./Jochum, H. (Hg.), Wolkensäule und Feuerschein. München 1982, 136–178
Rufeisen, D., Kann ein Jude in der Kirche seine Identität bewahren? Zur Frage der Inkultura-

tion des Christentums in Israel, in: Judaica. Beiträge zum Verständnis des jüdischen Schicksals in Vergangenheit und Gegenwart, 38. Jg., März 1982, Heft 1, 24–32
Salberg, W., Theologische Praxis nach Auschwitz. Erfahrungen eines katholischen Pfarrers und Erwachsenenbildners, in: Ginzel, G. B. (Hg.), Auschwitz als Herausforderung für Juden und Christen, Heidelberg 1980, 513–539
Sander, H., Über die Beziehung zwischen Liebesverhältnissen und Mittelstreckenraketen, in: Courage, aktuelle Frauenzeitung, 5. Jg., 1980, Heft 4
Schneider, K., »Fragen zur jüdischen Identität der zweiten Generation«, in: Becker, K. E./ Popitz, P./Schreiner, H.-P. (Hg.), Juden in Deutschland 1983 – integriert oder diskriminiert?, Landau 1983, 147–165
Siegele-Wenschkewitz, L., Theologie nach dem Holocaust. Christlicher Antijudaismus als Wurzel des politischen Antisemitismus, in: Concilium. Internationale Zeitschrift für Theologie, 20. Jg., Oktober 1984, Heft 5, 413–417
Schüssler-Fiorenza, E./Tracy, D., Der Holocaust als Kontinuitätsbruch und die Rückkehr der Christen in die Geschichte, in: Concilium. Internationale Zeitschrift für Theologie, 20. Jg., Oktober 1984, Heft 5, 331–335
Sobrino, J., Theologisches Erkennen in der europäischen und der lateinamerikanischen Theologie, in: Rahner, K./u. a. (Hg.), Befreiende Theologie, Stuttgart–Berlin–Köln–Mainz 1977
Swidler, L., The Dialogue Decalugue: Ground Rules for Interreligious Dialogue, in: Journal for Ecumenical Studies, 20. Jg., Winter 1983, 1–4
Thesen zur Erneuerung des Verhältnisses von Christen und Juden, erarbeitet von dem Ausschuß »Christen und Juden« – von der Landessynode durch Beschluß entgegengenommen, in: Klappert, B./Starck, H. (Hg.), Umkehr und Erneuerung. Erläuterungen zum Synodenbeschluß der Rheinischen Landessynode 1980, Neukirchen–Vluyn 1980
Theweleit, K., Männerphantasien, Bd. I u. II, Frankfurt 1980
Thoma, C., Christliche Theologie des Judentums, Aschaffenburg 1978
–, Kritik an der heutigen Gesprächstendenz bei Christen und Juden, in: Judaica. Beiträge zum Verständnis des jüdischen Schicksals in Vergangenheit und Gegenwart, 38. Jg., Juni 1982, Heft 2
–, Peter von der Osten-Sacken, Grundzüge einer Theologie im christlich-jüdischen Gespräch (Rezension), in: Judaica. Beiträge zum Verständnis des jüdischen Schicksals in Vergangenheit und Gegenwart, 39. Jg., März 1983, Heft 1, 50–51
–, Turbulenzen im jüdisch-christlichen Gespräch, in: Neue Zürcher Zeitung, Fernausgabe Nr. 39, vom 17. 2. 1984, 37
Volken, L., Jesus der Jude und das Jüdische im Christentum, Düsseldorf 1983
Weber, G., ›Krauts‹ erobern die Welt, Hamburg 1984
Wiesel, E., The Night, New York 1967, deutsch: Die Nacht, Esslingen 1980
–, Die Massenvernichtung als literarische Inspiration, in: Kogon, E./Metz, J. B. (Hg.), Gott nach Auschwitz. Dimensionen des Massenmords am jüdischen Volk, Freiburg 1979
Wirth, W., Auf der Suche nach dem neuen Menschen, in: Spiel – Räume, Kreativität im Horizont des christlichen Glaubens, Neukirchen–Vluyn 1983, 11–16
Zenger, E., Geleitwort, in: Volken, L., Jesus der Jude und das Jüdische im Christentum, Düsseldorf 1983, 11–13
Zentralkomitee der deutschen Katholiken (Hg.), Arbeitspapier des Gesprächskreises »Juden und Christen«, Theologische Schwerpunkte des jüdisch-christlichen Gesprächs, Bonn 1979

VERÖFFENTLICHUNGEN VON PINCHAS LAPIDE

War Eva an allem Schuld?

Gespräche über die Schöpfung
112 Seiten. Kartoniert

Der jüdische Professor Pinchas Lapide, der in Frankfurt lebt, entfaltet in atemberaubender Weise die Einsichten dieses ersten Buches des Alten Testaments. Er zeigt, welche erstaunlich aktuellen Lehren über den Umgang mit Menschen, Tieren und Pflanzen in der Bibel stehen. Mehr noch: Er entdeckt in der Frage nach Evas Schuld Tiefendimensionen über das Verhältnis zwischen Mann und Frau generell. – Auch Theologen können also spannende Bücher schreiben. *Weltbild*

Die Bergpredigt – Utopie oder Programm?

Grünewald Reihe
144 Seiten, Kst.

Eine Fülle von Einsichten, wie sie nur ein in der Zeit und Sprache so kundiger Autor vermitteln kann, erweist die Bedeutung der Bergpredigt für unsere Generation, sowohl im zwischenmenschlichen Bereich als auch in der Politik. Ein Beitrag zur Versachlichung der heutigen Friedensdebatte.
Konradsblatt

Wie liebt man seine Feinde?

104 Seiten. Kartoniert

Hier hat Lapide mit profunden griechischen, hebräischen und rabbinischen Kenntnissen als Buber-Schüler auf eine aramäische Urfassung der Berglehre des Matthäus, wie er die Bergpredigt genauer nennt, zurückgeschlossen und ohne Scheu und Ängstlichkeit sehr plausibel entfaltet, was Christus von seinen Jüngern hinsichtlich der scheinbar paradoxen Feindesliebe wirklich erwartet, jenseits von schwärmerischer Einfalt und politisierender Überheblichkeit. Jesu Vision ist Grundlage einer Realpolitik des Überlebens der Menschheit, ohne die der Weltfriede verfehlt wird. Empfehlenswert.
Das Neue Buch

MATTHIAS-GRÜNEWALD-VERLAG

NATHAN PETER LEVINSON

Ein Rabbiner erklärt die Bibel

192 Seiten. Kt.
ISBN 3-459-01449-0

Die Bibel zu erklären, ist mehr als Exegese zu treiben und vorzutragen. »Es ist ein Glaube, der es den Juden ermöglicht hat, bei aller Treue zur Tradition, sich den dringenden Problemen zu stellen, statt ihnen auszuweichen.« Dem jüdischen Bibelausleger steht neben dem sich selbst interpretierenden innerbiblischen Auslegungsgespräch der breite Strom der rabbinischen Tradition, der mündlichen Überlieferung, der nichttheologischen Literatur aus der jüdischen Geschichte zur Verfügung. Und die Zeugen der Jahrhunderte sprechen lebhaft – in biblischen, rabbinischen und literarischen Zitaten – mit. *Evangelische Kommentare*

Leiden an der Unerlöstheit der Welt – Robert Raphael Geis 1906–1972

Briefe, Reden, Aufsätze.
Herausgegeben von Dietrich Goldschmidt in Zusammenarbeit mit Ingrid Ueberschär.
400 Seiten. Ln.
ISBN 3-459-01568-3

Diese Biographie in Dokumenten läßt die Konturen der ebenso eigenwilligen wie leidenschaftlichen Person des Rabbiners Geis deutlicher und realitätsgetreuer erkennen.
Hinter der Gestalt von Geis wird Zeitgeschichte am Beispiel eines Mannes deutlich. Rabbinate in Deutschland, KZ Buchenwald, Palästina, Rückkehr über London, Zürich, Amsterdam und schließlich 20 Jahre öffentlicher Wirksamkeit in der Bundesrepublik sind die äußeren Stationen seines Lebens. An ihnen wird deutlich, was gelebtes deutsches Judentum heißt in der geschichtsträchtigen Zeit vom Ende des Kaiserreichs bis zum Neuanfang der Bundesrepublik Deutschland: Konflikte, Verletzungen, Verluste, Verfolgung und doch zugleich stets Hoffnung auf ein Neues, Engagement für den Aufbruch in eine geläuterte Zeit; »Politik als Prüfstein für die Ernsthaftigkeit unseres Tuns«.
Das Thema dieses Lebens – und somit das dieser Biographie – ist die »Theopolitik«. Martin Buber prägte diesen Begriff für den Heilsauftrag Israels. Der veröffentlichte Briefwechsel besticht durch Wahrhaftigkeit und Unmittelbarkeit. Die Predigten und Vorträge sind als aktuelle, persönliche Auseinandersetzungen Teil der Biographie eines der letzten Repräsentanten »Deutschen Judentums« aus der Tradition deutscher Wissenschaft und rabbinischer Souveränität. *FAZ*